존엄한 죽음의 문화사

Θάνατος

타나토스 총서

02

옛사람들의 생사 문제를 들여다보노라면 삶 속에 죽음이 있고 죽음 속에 삶이 있음을 절감하게 됩니다. 가족과 이웃의 죽음을 온전히 스스로의 몫으로 감당하는, 그 자체로 죽음과 함께하는 삶이었습니다. '사람 죽어 나가지 않은 안방 없다'는 말처럼 어릴 때부터 나고 죽는 이치를 자연스레 접하면서, 삶이 죽음을 품고 있음을 체화하며 살았습니다. 죽음에 대한 깨달음이 삶을 비꾸게 하는 힘을 지니고 있음을 터득하여 특정 종교에 소속되어 있지 않으면서도 종교적 삶을 살았던 것입니다.

존엄한 죽음의 문화사

구미래 지음

모시는사람들

※ 이 저서는 2012년 정부(교육부)의 재원으로 한국연구재단의 지원을 받아 수행된 연구임(NRF-2012S1A6A3A01033504).

머리말

통도사 극락암에는 추사 김정희가 쓴 '대각몽(大覺夢)'이라는 현판이 걸려 있습니다. '크게 꿈을 깨라.' 꿈속에서 온갖 희로애락으로 울고 웃다가 문득 깨어나 꿈이라는 걸 깨달았을 때의 허망함은 참으로 큽니다. 크게 꿈에서 깨어나라고 한 현판 글귀는 우리의 삶이 한바탕 꿈과 다를 바 없음을 깊이 새기라는 가르침일 것입니다. 이러한 뜻을 잘 담고 있는 한 편의 이야기가 있습니다.

당나라에 노생(盧生)이라는 사람이 있었다. 그에게는 늘 꿈꿔 온 세 가지 간절한 소원이 있었는데 많은 돈을 벌어 부자가 되는 것, 출세하여 이름을 날리는 것, 예쁜 아내를 얻어 아들딸 낳고 영화롭게 사는 것이었다. 어느 날 그는 한단(邯鄲) 지방으로 가는 길에 신선도를 닦는 여옹(呂翁)을 만나 자신의 소원을 하소연했다. 묵묵히 듣고 있던 여옹은 바랑 속에서 목침 하나를 꺼내 주었다.

"고단할 테니 우선 목침을 베고 잠깐 눈을 붙이게나. 그동안 나는 밥을 지을 걸세."

노생은 목침을 베고 눕자마자 곧 잠이 들었다. 그때부터 그의 인생은 새롭게 전개되었다. 소원대로 입신양명하였고, 천하절색의 여인을 아내로 맞아 아들과 딸을 낳고 부귀영화를 누리며 참으로 행복하게 산 것이다. 팔십년을 이렇게 살다가 '밥 먹게' 하는 소리에 갑자기 눈이 번쩍 떠졌다. 한평생의 부귀영화가 잠깐 밥 짓는 사이에 꾼 꿈이었던 것이다.

이 이야기가 삶의 무상함을 일깨우는 것은 인간의 유한한 삶이 투영되어 있기 때문입니다. 죽음의 문턱에서 되돌아본다면 우리의 지나온 삶 또한 노생의 꿈과 비슷하지 않을까요? 선각자들은 현판의 글귀로써, 그리고 노생의 꿈 이야기로써 말합니다. "티끌만한 것에 연연하면서 영원히 살 것처럼 스스로를 괴롭히며 살아가는 사람들이여. 삶이란 꿈처럼 무상한 것임을 사무치게 깨달아야 하리라."

모든 것은 실체가 없고 한순간도 고정됨 없이 변하는[無常] 것임을 깨닫는 것, 그것은 곧 죽음을 직시하는 일이기도 합니다. 태어난 이상 누구나 늙고 병들어 죽는다는 실존을 또렷이 자각하는 데서부터 '지금 이 자리의 자신'과 거리를 두고 한걸음 떨어져서 볼 수 있는 힘이 생겨납니다. 자신의 죽음을 새기며 살아간다면 흘러 떠내려가는 삶이 아니라 끊임없이 근원을 되돌아보고 성찰하는 삶이 가능할 것입니다. 죽음은 삶의 끝에서 마주하는 사건이 아니라, 과일 속에 씨를 품고 있듯 삶과 분리될 수 없는 하나입니다. 그래서 '존엄한 죽음'이란 '죽음의 존엄함'에서 시작되고, 임종 무렵에 국한되는 것이 아니라 삶의 전 과정 속에서 드러납니다.

옛사람들의 생사 문제를 들여다보노라면 삶 속에 죽음이 있고 죽음 속에 삶이 있음을 절감하게 됩니다. 가족과 이웃의 죽음을 온전히 스스로의 몫으로 감당하는, 그 자체로 죽음과 함께하는 삶이었습니다. '사람 죽어 나가지 않은 안방 없다'는 말처럼 어릴 때부터 나고 죽는 이치를 자연스레 접하면서, 삶이 죽음을 품고 있음을 체화하며 살았습니다. 죽음에 대한 깨달음이 삶을 바꾸게 하는 힘을 지니고 있음을 터득하여 특정 종교에 소속되어 있지 않으면서도 종교적 삶을 살았던 것입니다.

옛사람들의 죽음을 살피는 것은 오늘의 죽음을 돌아보는 일이기도 합니다. 현대인들에게는 '죽음의 일상성'이 상대적으로 멀어진 개념입니다. 누구나 죽는다는 사실을 알고 있지만 물리적·관념적으로 '집을 떠난 죽음'은 일상과 멀어지고, 죽음은 나와 무관한 사건이 되고 있는 것입니다.

"화장하고 유골만 남은 그런 모습을 젊은 사람들이 보는 게 좋습니다. 그러면 쓸데없는 욕심도 좀 버리게 될 것 같습니다." 어머니의 죽음을 맞아 화장을 하고, 사십구재를 마치고 돌아선 어느 유족이 한 말입니다. 죽음을 통한 삶의 성찰이 부족한 현실을 돌아보는 말일 것입니다.

죽음을 맞은 유족이 바람직하게 일상으로 돌아오기 위한 장치 또한 온전히 개인의 몫으로 돌려졌습니다. 예전에는 장례를 치른 뒤 거상(居喪)이라는 완충지대가 있었고, 장례 또한 비통한 이별만이 아니라 환송회와 같은 축제적 이별이 가능하였습니다. 이승의 죽음은 저승의 탄생이기에 축복의 몸짓이 빠질 수 없고, 슬픔에서 벗어나기 위한 떠들썩함도 필요합니다. 죽음을 개인의 문제로 돌리지 않고 공동체 구성원들이 함께 상실을 공유하면서 죽은 자와 산 자 모두 새로운 시작을 내다보았던 것입니다.

자연과 밀접한 삶을 살수록 생각 또한 우주 자연의 이치에 가깝겠지요. 얻는 것이 있으면 잃는 것도 있는 법, 현대인들은 편리함을 취하는 대신 인간이 본래 지니고 있던 자연의 심성을 조금씩 잃어왔습니다. 그러나 지금의 삶을 포기하고 예전으로 돌아가기를 원하더라도 그렇게 선택하기 쉽지 않은 것 또한 사실입니다. 우리를 둘러싼 시스템이 자연과 멀어질수록 마음은 자연을 갈구하게 되고, 이러한 욕망 또한 지극히 자연스러운 현상이라고 합니다. 첨단의 디지털 시대에 아날로그 문화가 각광받는 오늘날의 현상이 그것을 말해주고 있는 것이지요. '현상적 모순'이 바로 '인간의 자연'입니다.

앙드레 지드는 "신의 세계에는 예술이 없을 것이다."라고 말했지요. 인간이 지닌 한계 속에서 모든 창조적 생명력이 피어나는 역설을 우리는 알고 있습니다. 인간의 삶과 분리될 수 없는 '고통'과 '쇠락'과 '예정된 죽음' 같은 것들이 오히려 삶을 의미 있게 만드는 원동력이 된다는 사실을 말입니다.

태국의 수안목(Suan Mok)이라는 사원에는 선방 입구에 해골을 세워놓았습니다. 해골 옆 명패에는 '1930년 미스 타일랜드의 실물'이라 적혀 있어 그 뜻을 헤아릴 수 있게 합니다. 문을 드나들 때마다, 이 나라 제일의 아름다움을 자랑하던 여인이 한낱 백골로 서 있는 모습을 보면서 무상과 무아를 느끼도록 하기 위함일 것입니다.

생사 문제에 눈을 뜨면 모든 것이 달라진다고 합니다. 그것은 실존을 깨닫는 일이기 때문입니다. 우리는 이러한 마음공부를 수행자나 출가자의 몫으로 돌리곤 합니다. 그러나 삶을 한 걸음 떨어져서 바라볼 수 있다면, 늙음과 병듦과 죽음을 대상화하지 않고 생로병사가 나의 실존임을 자각하게 되지요. 이러한 실존적 자각이 조금씩 깊어지면서 인간에 대한 근원적 사랑과 이해가 싹트게 됩니다.

생사 문제에 대한 선각자들과 옛사람들의 가르침을 되새겨, 우리를 둘러싼 환경이 자연에서 멀어지더라도 참마음을 회복해가는 나날이 되었으면 합니다.

타나토스 총서를 기획하고 지속적인 관심과 격려를 보내준 한림대학교 생사학연구소에 깊이 감사드리며, 늘 좋은 책을 만드는 출판사에도 감사하는 마음이 가득합니다.

2015년 2월 구미래

차례   존엄한 죽음의 문화사

제 **1** 장

존엄한 죽음과
죽음의 존엄함

'개똥밭에 굴러도 이승'이라고들 한다. 아무리 힘든 삶이라도 죽기보다는 살아 있는 것이 낫다고 보기 때문이다. 죽음이란 모든 것과 단절되는 궁극의 두려움이기에 사람들은 삶에만 집착하며 죽음을 외면하고 잊어버린 채 살아가고 싶어 한다. 그러나 과일 속에 씨가 들어 있듯이 태어난 이상 죽을 수밖에 없음을 우리는 잘 알고 있다. 자신이 언젠가 죽는다는 사실을 아는 것은 인간만이 지닌 능력이며, 죽음의 인식은 삶에 커다란 영향을 미치게 마련이다. 죽음은 삶이 끝나는 순간에 찾아오는 것이 아니라 삶 속에 깊이 뿌리내리고 있는 것이다.

  묵언 수행을 하는 트라피스트 수도원에서 수도사들에게 허용한 단 한 마디가 있는데, 그것은 '메멘토 모리(죽음을 기억하라)'라는 말이라 한다. 죽음을 기억하지 않는 자는 참된 생명력으로 살아갈 수 없음을 새기기 위함일 것이다. 죽음에 대한 불성실성은 삶에 대한 불성실성을 가져오고, 삶을 올바로 직시하는 힘은 자신의 죽음을 진지하게 생각하며 살아가는 이에게만 있다는 사실을 깨닫게 한다.

  '존엄한 죽음'이란 임종 무렵에 국한되는 것이 아니라 삶의 전 과정 속에서 인식하는 죽음에 적용된다. 삶의 마지막을 보다 평온하게 인간적으로 맞는 의미를 포함하여, 죽음을 성찰하는 삶 속에서 죽음의 존엄함이 드러나

기 때문이다.

따라서 존엄한 죽음은 '죽음의 존엄함'에서 시작된다. 생명이 신비롭고 존엄하듯이 죽음 또한 신비롭고 존엄하다. 죽음은 악(惡)이 아니라 생명과 함께하는 성스러운 자연의 이치이다. 가능하면 건강하게 오래 살고 싶은 마음, 죽음을 피하고자 하는 마음은 당연한 것이지만, 이와 별개로 목숨이 다하여 삶을 마치는 현상은 그 자체로 고귀한 것이다. 만약 죽음을 악(惡)이요, 우연하게 닥치는 사건이요, 비루한 소멸의 나락으로 떨어지는 길이라 여긴다면, 아무리 임종을 안락하게 보낼 수 있는 시스템을 갖춘 나라이더라도 결코 존엄한 죽음의 문화를 지녔다고 할 수 없다. 나고 죽음의 엄정한 이치를 경건하게 성찰적으로 받아들일 때 삶도 죽음도 존엄해질 수 있는 것이다.

죽음은 인간이 지닌 궁극의 한계이며, 죽음을 인식하는 것은 우주 자연의 이치 앞에 실존을 깨닫는 일이다. 따라서 죽음의 인식은 모든 사상과 철학의 기저를 이루고, 알게 모르게 개개인이 살아가는 방식을 좌우한다. 죽음만큼 인간의 삶에 지속적으로 깊이 있게 영향력을 미치는 것은 드물다. 좋은 삶에 좋은 죽음이 따르는 이치와 마찬가지로, 죽음의 존엄함 위에 삶의 존엄함이 가능하며 나아가 마지막 순간의 존엄한 죽음까지 내다볼 수 있다. 이렇듯 죽음과 삶은 뗄 수 없는 하나이기에, 죽음관은 곧 생사관과 다르지 않다.

죽음과 가장 관련이 깊은 영역은 종교와 철학이다. 죽음 이후의 문제는 그 누구도 알 수 없지만, 인류는 죽음과 사후의 문제를 어떻게 받아들일 것인가에 대해 끊임없이 궁구해 왔다. 모든 종교는 교리를 통해 죽음이 단순한 소멸로 끝나지 않음을 제시하고 있어, 사후의 구원은 인간이 종교에 의

지하는 바탕이 된다. 내세를 인정하지 않는 문화권에서도 죽음과 사후의 문제를 섬세하고 체계적으로 설명하며 삶 속에서 죽음을 인식한다. 죽음을 둘러싸고 진행되는 모든 의례 또한 '존재의 소멸'이라는 불가항력의 운명을 이해하기 위한 문화적 장치라 할 수 있다.

죽음을 보는 한국인의 관념은 무속 · 불교 · 유교 등 다종교 복합적 배경 속에서 형성되어 왔다. 이들 종교는 본래 서로 다른 사상적 배경을 지니고 있으며 생사관 또한 상호 배타적으로 뚜렷이 구분된다. 그럼에도 불구하고 천 년 이상의 세월 동안 한국인의 삶 속에 나란히 공존해 왔을 뿐만 아니라, 죽음을 바라보는 우리의 생각 속에도 이들 생사관이 긴밀히 결합되어 있다. 서로 다른 이념에서 출발한 것이라 하더라도 민간의 심성에 적합한 것이라면 얼마든지 통합적 수용이 가능하기 때문이다.

이 책에서는 이러한 종교적 · 사상적 기반을 포함하여 죽음을 진지하게 성찰하며 수용해 온 한국인의 존엄한 죽음 문화를 다루고자 한다. '존엄한 죽음'이란 광범위한 개념이어서 죽음을 둘러싼 모든 영역에 적용될 수 있으나, 여기서는 죽음을 대하는 단계적 과정에 따라 주요 사례를 중심으로 살펴보고자 한다.

첫째, 살아 있을 때 죽음을 내다보는 죽음 준비의 문화이다. 죽음을 나와 무관한 것으로 여기지 않고 삶과 죽음이 짝을 이루는 것임을 깨달아 삶 속에서 죽음을 진지하게 인식하며 수용해 온 생활사를 다룬다. 이러한 사례를 통해 한국인의 생사관을 구체적으로 살펴볼 수 있을 것이며, 아울러 죽음을 성찰하는 이들이 삶을 어떻게 바라보며 살아왔는지 발견할 수 있으리라 생각한다.

둘째, 생의 마지막 순간에 대처하는 임종의 문화이다. 임종에 가까운 이들이 자신의 죽음을 종교적·성찰적으로 맞았던 역사를 살펴 생의 마지막을 존엄하고 평화롭게 보낸 이들의 삶을 조명한다. 종교적·성찰적 죽음은 이론으로만 접근할 경우 피상적으로 여겨질 수 있으나, 역사 속 인물들의 이러한 죽음은 오늘날에도 큰 공감을 준다. 따라서 인간의 죽음을 존엄하고 평화롭게 지켜 줄 수 있었던 정신적 가치를 구체적인 역사 자료로써 제시하고자 한다.

셋째, 죽음 이후에 남은 자들이 대처하는 죽음의례의 문화이다. 대부분의 죽음 문화가 사후 의례에 집중되어 있듯이, 그 민족의 죽음관은 한 사람의 사망을 계기로 펼쳐지는 상례와 제례의 과정 속에서 구체화되게 마련이다. 이러한 의례 속에는 우리 사회의 다종교 복합적 문화가 어우러져 한국적 죽음의 특성이 드러난다. 조선 시대 이후 한국인의 죽음의례는 유교적 틀을 기본으로 하지만 온전히 유교적이라 할 수 없다. 거기에는 우리의 심성 속에 내재화된 무속과 불교의 생사관이 토대를 이루고 있기 때문이다.

죽음의례의 문화는 보다 체계적으로 다룰 필요가 있어 크게 둘로 나누어 살펴본다. 하나는 존재의 영속성을 추구하는 생사관을 분석하는 것이다. 우리의 죽음의례를 살펴보면, 사후 세계의 믿음과 무관하게 죽음은 영원한 단절이 아님을 강조하는 내용으로 점철되어 있다. 이는 곧 삶과 이어진 죽음, 산 자와 연결된 죽은 자를 뜻하기에 한국인의 생사관의 핵심을 이루는 부분이다. 또 하나는 사후의 존재와 사후를 어떠한 마음가짐과 예법으로 대하는지에 대해 다룬다. 망자를 보내는 방식에서부터 남은 자에게 부여된 도리와 의무에 이르기까지, 죽음을 둘러싼 양상을 주요한 특성으로 묶어 다룸으로써 죽음에 대처하는 방식을 보다 체계적으로 조명할 수 있을 것이다.

이 책에서는 이론적 생사관만이 아니라 실제 생활에서 드러난 죽음의 인식과 의례를 통해 한국인이 죽음을 어떻게 바라보고 수용해 왔는지 분석하고자 한다. 그러기 위해서는 종교나 사상의 구분을 떠나 새로운 자료를 발굴하고, 기존의 죽음의례 또한 새로운 관점으로 바라볼 필요가 있다. 이를 통해 한국인의 존엄한 죽음의 문화를 체계적으로 규명하고, 현대인의 죽음의 인식을 새롭게 돌아보는 계기로 삼고자 한다.

제 **2** 장

삶과 더불어
준비하는 죽음

살아 있을 때 장만하는 수의의 문화

"자넨 저승이 얼마나 좋은 덴지 알고 있나?"

"에끼, 여보게. 실없는 소리 그만하게나."

"실없는 소리가 아닐세. 자네는 죽은 사람들 중에서 저승에 갔다가 다시 돌아온 사람을 본 적이 있나?"

"그야 못 보았지."

"그것 보게나. 저승이 오죽 좋으면 누구 하나 돌아오는 사람이 없겠는가."

노인들이 주고받는 우스갯소리이다. 죽음이란 외면하고 싶어도 피할 수 없는 것임을 알고 있기에 죽음과 한 걸음 가까운 노인들일수록 이를 적극적인 해학의 대상으로 삼곤 한다. 시대를 거슬러 올라가면, 우리네 노인들에게 죽음은 그리 외롭고 쓸쓸한 것만은 아니었던 듯하다. 아들딸과 후손들, 그리고 대소 친척이 지켜보는 가운데 맞이하는 죽음은 모든 노인들이 자연스럽게 그려 보는 편안하고 흡족한 자신의 죽음이다. 삶을 마감하는 자리에서 가장 중요시되는 가치관은 대를 잇는 것으로, 조상의 맥을 이어받은 후손들을 바라보며 자신의 임무를 다했다는 흡족함 속에 편히 눈을 감을 수 있는 것이다.

흔히 어른들은 장남을 남에게 소개할 때 '이놈이 내 맏상제'라고 한다. 맏상제라는 말은 그렇게 상서로운 말이 아니다. 자신이 죽었을 때 상주가 될 아들이라는 뜻이니 스스로의 죽음을 전제로 한 말이기 때문이다. 그러나 말하는 쪽에서나 받아들이는 쪽에서나 모두 죽음에 대한 그늘 없이 대견스럽게 아들을 바라보게 마련이다.

이러한 가치관에 따라 죽음을 준비하는 우리의 문화에 서양인들의 눈이 휘둥그레지기도 한다. 자식들이 부모의 수의(壽衣)와 관을 미리 만들고 묏자리를 결정하는 등 일찌감치 부모의 죽음을 준비해 놓기 때문이다. 외부에서 보기에 이러한 모습은 마치 부모가 얼른 돌아가시기를 기다리는 것처럼 느껴져 이해하기 힘든 것이다. 그러나 이러한 일련의 준비를 이 땅에서는 '효'라고 부른다.

우리의 역사 속에는 연로한 부모의 수의뿐만 아니라 자신의 수의를 미리 마련해 두는 풍습이 있었다. 중국의 고대 문헌인 『삼국지(三國志)』나 『후한서(後漢書)』 등에 보면 고구려 사람들의 풍습에 대해, "남녀가 혼인을 하면 죽어서 장사 지낼 때 입고 갈 옷을 미리 만들었다."[1], "혼인을 하자마자 곧 장례에 쓸 물건들을 조금씩 준비한다."[2]고 기록되어 있다. 이러한 풍습은 고구려 사람들의 생사관을 담고 있는 것이자, 전투가 잦았던 북방 유목민의 환경을 반영하고 있는 듯하다. 혼인이란 한 가정을 이루어 본격적인 성인으로 들어서는 시점이기에 어른으로서 언제든 나라의 부름에 응하고자 죽음을 대비하였던 것이다. 또 죽어서도 부부의 인연이 지속될 것을 생각하면서 살아 있을 때 죽음을 준비하는 문화가 발달한 것이라 하겠다.

이렇듯 죽음에 대비해 미리 수의를 만드는 문화는 이른 시기부터 시작되어 꾸준히 전승되어 왔다. 조선 시대의 기록을 보면, 왕실에서 수의를 만들어 두고 이를 점검하는 내용들이 등장한다. 이를테면 1776년(영조 52)에 왕세손이 신하에게 이르기를 "수의대(壽衣襨)는 대내(大內)에서 장만해 둔 지 이미 오래되었고 혹 문단(紋緞)도 있다. 대행(大行) 때에 문단을 금지하였으니 습렴(襲殮)할 때 쓸 수 없으므로 고쳐 만들어야 할 것이다."[3]라고 하였다. 영조의 수의를 일찍 만들어 두면서 문양을 새겼으나 후에 이를 금지함에 따라 다시 고쳐 만들도록 명한 것이다.

수의를 한자로 나타낼 때 목숨 '수(壽)' 자를 쓰듯이 수의를 만드는 데는 장수를 기원하는 뜻이 담겨 있다. '壽衣'뿐만 아니라 '襚衣'·'禭衣' 등을 다양하게 썼고, 복의(復衣)·의(衣)라고도 하였다. 이 외에도 여러 표현을 살펴볼 수 있는데, 1704년(숙종 30)에 김덕기(金德基)라는 인물이 공초(供招)할 때 "…부모의 연세가 많지만 가난하여 이른바 백세의금(百歲依衾)을 일찍이 만들어 두지 못하였는데, 삭봉이 넉넉해졌으므로 비단을 사들여서 이불 네 채와 두루마기·바지 각각 한 벌씩을 만들었습니다."[4]라는 기록이 나온다. 이때의 '백세의금'은 곧 수의를 말한다. 이 말은 '백세를 기약하는 의복과 침구'라는 뜻을 담고 있어, '수의(壽衣)'와 마찬가지로 장수를 기원하는 뜻임을 알 수 있다.

또 근대에 김서포(金西浦)가 쓴 어머니 윤씨 부인의 행장[5]에 어머니의 수의를 장만할 당시의 내용이 나온다. '원행(遠行)의 의복'을 만들고 있을 때 어머니가 이를 보고, 예전에 남편의 상사(喪事) 때 빈한하여 극진히 차리지 못했음을 한탄하며 자신의 상례에는 비단을 쓰지 말도록 당부했다는 것이다. 그는 자식 된 도리로 수의라는 말을 직접 쓸 수가 없었던 듯, '원행의 의복'이라 하여 먼 길을 떠날 때 갖추는 옷으로 표현하였다. 이 외에도 지역에 따라 '머능 옷', '저승 옷', '시집 갈 옷', '죽음의 옷', '호상 옷' 등[6]으로도 불렸다.

수의는 윤달에 만들면 좋다고 하여 윤달이 되면 집집마다 부모의 수의를 장만하는 손길로 분주하였다. 이는 왕실에서도 예외가 아니어서 1720년(숙종 46) 숙종이 세상을 떠났을 때 중전이 하교하는 내용 가운데, "윤달에 의대(衣襨)를 이미 준비하여 두었다."[7]는 표현이 나온다. 이때의 의대는 수의를 말하여 적어도 1700년대 초에는 윤달에 수의를 장만하는 풍습이 정착되었음을 알 수 있다. 조선 말기에는 수의를 강탈당했다는 기록까지 등장한다. 1895년 정월에 "김평창(金平昌)이란 사람이 작년 봄에 수의를 비류(匪類)에게 빼앗겨, 그것을 찾기 위해 마을마다 집집마다 짐작이 가는 대로 찾고 있다."[8]라고 기록한 것이다. 오늘날에도 마지막 떠날 때 입는 옷이라 하여 수의를 좋은 것으로 마련하고 있듯이, 좋은 옷감으로 정성들여 만들었던 것은 예나 지금이나 매한가지였던 듯하다.

이렇듯 살아 있을 때 죽음에 대비하는 구체적인 문화는 수의 장만이 핵심을 이루었고, 이러한 풍습은 이른 시기부터 시작되어 오늘날까지 다양한 의미를 부여한 채 전승되었다. 출토된 자료에 따르면 조선 시대에는 주로 평소에 입던 옷을 입었고 새로 지을 때도 평상복과 같은 치수의 수의를 사용하다가, 19세기 중반 이후에 와서 대형화된 수의를 사용[9]하게 된 것으로 보고 있다.

일설에는 '수의(壽衣)'라는 용어와 수의를 새로 지어 입는 풍속이 모두 일제강점기에 생겨난 것이라 하였으나, 이는 사실과 다소 다름을 알 수 있다. 곧 18세기『영조실록』을 비롯하여 1895년 동학농민운동자료 등에 '수의(壽衣)'라는 말이 등장할 뿐만 아니라, 노인의 잔치를 수연(壽宴)이라 하고 수의의 별칭으로 백세의금(百歲依衾)이라 한 사례 등을 볼 때 비교적 이른 시기부터 장수를 비는 뜻으로 사용된 말이었다. 아울러 수의는 생전에 입던 옷 가운데 가장 좋은 옷을 손질해 두거나 좋은 옷감으로 새로 짓기도 하다가 일제강점기 이후 새로 짓는 풍습이 본격화된 것이라 하겠다.

특히 생전에 수의를 만드는 풍습은 "수의를 미리 만들어 놓으면 장수한다."는 속설과 짝을 이루어 전승되었다. 수의에 '목숨 수' 자를 써서 장수를 기원한 뜻이 점차 '장수하게 된다'는 담론으로 발전하게 된 것으로 보인다. 이는 살아 있을 때 죽음을 준비하는 일이 결코 불길하거나 나쁜 것이 아님을 말해 준다. 아울러 아이를 낳으면 일부러 개똥이, 천둥이, 바위처럼 천한 속칭을 지어 부르며 '못생겼다'고 말하는 것과 상통하는 심리를 엿볼 수 있다. 아이를 귀하게 떠받들수록 귀신이 해코지를 한다고 보았기 때문이다. 이와 마찬가지로 피하고자 할수록 죽음은 빨리 찾아온다고 보아 삶 속에서 죽음을 긍정적으로 수용하는 문화가 더 발달할 수 있었을 것이다.

"수의를 미리 만들어놓으면 장수한다."는 담론은 부모의 죽음을 준비하는 데 대한 불경함을 막는 데도 중요한 명분이 될 수 있다. 부모가 돌아가시기도 전에 미리 수의를 만드는 일은 자식의 입장에서 꺼려 하는 마음이 들 수 있기 때문이다. 따라서 부모의 무병장수를 바라는 뜻이 가장 크다는 점을 공동체에서 공유함으로써 이러한 거리낌 또한 없앨 수 있었던 것이다.

수의를 만들 때 금기 사항도 많다. 바느질을 할 때 뒷바느질을 하면 안 되고 마무리 매듭도 짓지 않는다. 뒷바느질을 하면 죽어서 이승에 미련을 두어 저승에 안착하지 못하고, 매듭을 지으면 이승에서 맺힌 한을 풀지 못한 채 저승에 가기 때문에 맺힌 한을 풀어 달라고 살아 있는 사람을 괴롭힌다는 것이다.[10] 매듭을 지으면 자손이 끊어지게 된다는 속신 또한 널리 전한다.

따라서 노인들은 자신의 살아생전에 수의를 만드는 자식들이 기특할 따름이다. 이에 수의를 만드는 후손들의 손길을 눈여겨보며 부모는 흡족한 마음을 금할 수 없게 된다. 이러한 분위기에서 가족들뿐만 아니라 동네 사람들도 같이 수의 만들기를 거들다 보면, 음식도 장만하고 농담도 해 가면서 즐거운 시간이 된다. 죽음을 예비하는 자리에서 슬픔이나 엄숙함은 찾아볼 수 없고 마치 작은 잔치처럼 떠들썩한 분위기가 연출되는 것은 우리 민족이 아니면 이해하기 힘든 모습이다.

　수의와 짝을 이루어 준비하는 것은 좋은 목재를 구해서 미리 관을 만드는 일이다. 나무를 잘 말리고 다듬어 관을 마련한 다음 가세가 넉넉한 집에서는 관이 썩지 않도록 몇 차례에 걸쳐 옻칠을 한다. 옻칠은 세 번, 다섯 번, 일곱 번 등 홀수로 하는데 이는 홀수인 양수(陽數)를 길수(吉數)로 보기 때문이다. 자식이 자신의 수의와 관을 미리 장만해 놓으면 노인들은 그것을 큰 자랑으로 여겨 남에게 보여주기까지 한다. 화장이 대세를 이루면서 수의나 관의 문화도 바뀌고 있지만, 수의를 미리 장만하는 문화는 여전히 계승되고 있다. 마지막 떠나면서 입을 옷이라는 의미 부여와 함께, 특정 지역의 삼베 수의와 황금 수의 등이 등장해 고가에 판매되는 부작용까지 동반하고 있다.

　특히 자신이 묻힐 곳을 일찌감치 정해 놓는 일은 필수적이다. 수의나 관을 마련하는 것과 달리 사후 거처를 정하는 일은 단시간에 이루어질 수 없어 실제적인 준비가 필요하기 때문이다. 따라서 매장이 일반적이었던 20~30년 전까지만 해도 묏자리를 미리 잡아 놓는 일은 집안의 중요한 대사(大事)였다. 이때는 본인이 직접 관여하면서 풍수지리에 능한 이를 불러 묏자리를 찾거나 선산의 적당한 곳에 자신이 묻힐 자리를 손수 골라 자손들에게 알려 준다. 묏자리는 자신이 묻힐 곳일 뿐만 아니라 후손들의 번창함을 돌보게 될 음택(陰宅)으로서 막중한 의미가 있기 때문이다. 따라서 죽기 전에 자손들에게 자신이 묻힐 자리를 지정해 주는 것만큼 든든한 일이 없다.

이처럼 이 땅의 노인들은 자신의 죽음이 왜소하거나 적막하지 않다는 것을 예감하고 있었고, 후손들의 지극한 관심 속에 삶을 마감하게 될 것을 잘 알고 있었다. 이러한 생각은 병실에서 외롭고 적막하게 죽음을 맞는 서구의 노인들과 큰 차이가 있다. 자신이 속한 문화권에서 어떻게 죽은 자를 보내는가에 대한 선험적 경험은 곧 자신의 죽음이 어떤 모습을 지닐 것인지를 비춰 주는 거울이다. 죽음 이후의 세계가 어떤지는 그 누구도 알 수 없지만 사후에 대한 두려움 못지않게 죽음에 직면하는 두려움이 크다고 한다. 따라서 자신이 어떻게 삶을 마감하리라는 예측은 죽음을 대하는 자세에도 큰 영향을 미치게 마련인 것이다.

죽음과 함께하는 삶

선조들은 생과 사를 단절된 별개의 세계로 보지 않았다. 우리의 전통을 살펴보면 삶 속에 죽음을 끌어들이고, 죽음 속에 삶의 모습을 담는 생사일여(生死一如)의 생사관을 지니고 있음을 알 수 있다. 죽음은 두렵고 피하고 싶은 일이지만 결코 피할 수 없는 일임을 알고 있기에 이승과 저승을 낯설지 않은 모습으로 연결시켜 온 것이다. "사람 죽어 나가지 않은 안방 없다."는 말이 죽음의 일상성을 말해 주듯 가족의 죽음, 이웃의 죽음을 함께 지켜보며 살아온 전통 시대에 이러한 인식은 더욱 자연스러웠을 듯하다.

일상 속에서 사용하는 말들을 살펴보면, 우리는 죽음을 기피하면서도 '죽음'이라는 말을 습관처럼 많이 쓰고 있다.[11] '기가 죽다', '풀이 죽다', '소리가 죽다', '코가 죽다' 등과 같이 은유적 표현을 즐겨 쓴다. 무생물체에 대해서도 '죽었다'고 표현하는가 하면, 어떤 현상이 위축되거나 소멸되어 가는 것을 죽음에 빗대어 즐겨 쓴다. 과장법으로 사용하여 '~해서 죽겠다'는 식의 표현 또한 널리 쓰인다. '배가 고파 죽겠다', '아파 죽겠다'에서부터 시작하여 '우스워 죽겠다', '좋아 죽겠다'는 말까지 있는 걸 보면 일상생활에서 죽음이라는 말을 얼마나 많이 쓰는지 알 수 있다.

이러한 말들이 일상에 죽음을 가볍게 끌어들이는 것이라면, 죽음 이후의 세계를 삶의 세계와 나란히 여기는 표현들도 자연스럽다. 흔히 "죽어서 조상 볼 면목이 없다."고 하는 말에는 저승이 이승과 그리 다르지 않은 곳이라는 생각이 담겨 있다. 죽으면 저승에 가서 돌아가신 부모와 가족도 만나고 생전에 알던 이들을 볼 수 있다는 가정을 전제하고 있는 것이다.

> 북망산천 멀다더니 그 모두가 거짓이네
> 문턱 밖이 저승이요 앞동산이 황천이라

상여가에서 읊는 저승 또한 머나먼 천상이나 지하가 아니라 우리의 경험 세계 속에 있다. 문턱을 넘어서는 순간이 저승이고 늘 봐 오던 앞동산이 황천인 것이다. 굿에서 읊는 사설에서는 저승을 '모랭이(모퉁이) 돌아선 곳'이라 표현하기도 한다. 저승은 그저 죽어서 가는 곳, 멀고 먼 저세상이라고만 생각하여 천상이나 지하의 수직 관념으로 보지 않았으며,[12] 사다리 · 밧줄 · 두레박 등 상승적 모티브가 아니라 짚신 · 가시문 · 다리 · 쪽배 등과 같이 수평적인 도보 여행이나 뱃길 여행의 끝자락에 놓여 있다.[13] 죽음이 분명 단절의 사건이기는 하지만 그 사건을 통해서 도달하는 하늘 · 바다 · 땅 밑 · 산 등은 결코 별유세계가 아니라 이승이 확대된 공간으로 보았던 것이다.[14]

이승과 반대편에 있는 저승이라면 현실과 무관한 관념적 세계, 초자연적 세계로 묘사하는 것이 타당하다. 그러나 저승은 인간세계의 연장선상에 있는 수평적 · 평면적인 경험의 세계로 설정되어 있다. 이는 내세를 인정하면서도 현세와 유사한 세계로 여기는 민간신앙의 현실적 측면을 반영하는 것이라 하겠다.

이렇듯 현세 중심적이면서도 사후 세계에 지대한 관심이 있는 한국인의 생사관에는 무속과 불교와 유교의 사상적 · 문화적 기반이 함께 녹아들어 있다. 무속과 유교는 매우 현세 중심적 생사관을 지녔다는 점에서 공통되고, 불교와 무속은 내세관이 있다는 점에서 공통된다. 그런 가운데 무속 · 불교 · 유교 모두는 우열을 가릴 수 없을 정도로 죽음의례가 발달되어 있을 뿐만 아니라 삶 속에서 끊임없이 죽음과 죽은 자에 대해 거론한다.

대부분의 굿은 망자를 대상으로 한 넋굿이며, 무속에서 일상적으로 넋굿을 행하는 목적은 망자가 지닌 원한과 미련을 씻어 저승으로 돌려보냄으로써 남은 자들의 제액초복(除厄招福)을 기하기 위함이다. 죽은 자를 무사히 저승으로 돌려보내야 이승에서 산 자들이 잘 살아갈 수 있다고 보아 이승과 저승을 분명히 분리하면서, 망자에 대한 굿 또한 어디까지나 이승의 존재를 위한 것이라는 현실적 사고를 지닌다. 이와 동시에 무속에서 저승은 이승의 연장이요, 현실의 모습과 동떨어지지 않은 것으로 설정함으로써 지극히 현실 중심적 내세관을 지닌다.

큰굿의 본풀이를 보면 세상의 개벽으로부터 시작하여 인간의 죽음을 이야기한다. 생사 문제를 늘 우주의 탄생과 함께 다루며 우주적 생명과 인간의 생명이 유기적임을 거론한다.[15] 장례의 마지막 날에 치르는 진도 다시래기에서도 새로운 생명의 탄생을 담은 해학적 희극 놀이를 펼쳐 죽음이 곧 탄생의 장임을 보여준다. 이는 우리의 민간설화나 민요 등에 담긴 일관된 생사관이다. '전생에 무슨 죄를 지었기에'라는 말도 한국인의 잠재의식 속에 흐르고 있는 이러한 내세관을 반영한다.

유교에서는 "삶을 모르는데 어찌 죽음을 알랴."는 공자의 말처럼 죽음 이후에 대해 많은 말을 하지 않는다. 죽은 뒤 영혼이 새로 태어난다거나 사후에도 영속하는 삶에 대해 미련을 버림으로써 확실하고 일회적인 현실을 직시한다.

그러나 동시에 유교의 상례와 제례를 보면 죽음을 둘러싼 문제를 더없이 체계적이고 섬세하게 다룰 뿐만 아니라 한 사람의 죽음을 몇 대에 걸쳐 지속적으로 보살핀다. 집집마다 사당(祠堂)을 두어 조상과 후손은 한 공간에서 함께 살아가며, 시절이 바뀌면 새로 수확한 음식을 올리는 것은 물론 집안의 대소사를 일일이 고하고 출입할 때마다 인사를 드린다. 내세나 사후 영혼의 존재를 믿지 않으면서도 망자는 살아 있는 자들의 삶을 지배하고 삶과 죽음이 연결되어 있는 것이다. 또한 고려 시대와 조선 시대 선비들이 자신의 비문이나 묘지명의 대강을 미리 써 놓는 경우가 많았는데, 이는 과장과 오류를 예방하기 위한 것인 동시에 자신의 죽음에 대한 성찰적 준비와도 깊이 관련된다.

한국인의 생사관에 가장 큰 영향력을 미친 사상은 불교라 할 수 있다. 불교 죽음관의 핵심을 이루는 윤회전생(輪廻轉生) 사상은 불교 신자뿐만 아니라 민간에도 널리 파급된 것으로, 죽음은 곧 새로운 탄생과 연결된다는 내세관이 광범위하게 퍼져 있다. 불교가 죽음의 문제에 미친 영향은 두 가지 양상으로 전개되어 왔다. 하나는 복된 사후를 기약하기 위한 일련의 신앙적 행위요, 또 하나는 살아 있을 때 끊임없이 죽음의 문제를 성찰하도록 이끄는 가르침이다.

불교에서는 인간의 일생을 생로병사(生老病死)의 과정으로 설명하면서 인간 삶의 유한함·무상함으로써 불교적 진리를 일깨운다. 현상적인 모든 것들은 실체가 없고 한순간도 고정됨 없이 변하는[無常] 것임을 철저하게 인식하는 일이야말로 어떻게 살아야 할 것인지를 깨닫는 지름길이라고 본다. 모든 번뇌는 탐착으로 인해 생겨나는 것임을 알고 괴로움의 실체를 분명히 깨닫는 자만이 고(苦)의 근원에서 벗어나 행복한 삶을 살아갈 수 있기 때문이다.[16]

불교의 이야기 가운데「세 사람의 천사」는 삶 속에서 죽음을 돌아보며 살아야 함을 일깨우는 핵심 내용을 담고 있다.

> 생전에 나쁜 일을 많이 하다가 죽어서 지옥에 떨어진 죄인에게 염라대왕이 물었다.
>
> "너는 어찌 그리 탐욕스럽고 이기적인 일생을 살아왔느냐! 세상에 있을 때 세 사람의 천사를 만나지 못하였더냐?"
>
> "대왕님, 제가 그런 훌륭한 분들을 만났다면 왜 생전에 뉘우치고 참회하지 못하였겠나이까."
>
> "그렇다면 주름이 많고 허리가 구부러지고 기운이 없어 걸음과 말씨도 느린 사람을 보지 못했느냐?"
>
> "그런 노인이라면 얼마든지 보았습니다."

"너는 그 천사를 만나고서도 '나도 언젠가는 저렇게 늙어 갈 테니 서둘러 선행을 쌓아야겠구나' 하는 생각을 하지 않아 오늘의 이 업을 받게 된 것이다. 너는 또한 혼자서 일어서지도 걷지도 못하고 누워서 앓고 있는 측은한 이를 보지 못하였더냐?"

"그런 병자라면 수도 없이 보았습니다."

"너는 그 천사를 만나고서도 언젠가는 너 자신도 병들게 된다는 것을 생각하지 못한 채 눈앞의 탐욕에만 집착한 어리석음으로 지옥에 오게 된 것이다. 마지막으로 너는 네 주위에서 호흡이 끊어진 채 무덤 속으로 들어가는 사람들을 보지 못하였더냐?"

"죽은 사람이라면 무수히 보았습니다."

"너는 죽음을 경고하는 천사를 만났으면서도 스스로 돌아보고 반성하는 일을 게을리했기에 이 업을 받게 된 것이다. 자기가 지은 업의 인과응보를 대신해 주는 이는 없느니라."

이는 태어난 이상 누구나 늙고 병들어 죽을 수밖에 없음을 철저히 직면해야 함을 일깨우는 이야기이다. 인간은 일상 속에서 죽음을 경고하는 무수한 천사들을 만나지만 마치 영원히 살 것처럼 스스로를 돌아보고 반성하는 일을 게을리하고 있는 것이다. 인간의 삶은 그 자체로 생(生)과 멸(滅), 성(盛)과 쇠(衰)를 보여주는 자연의 이치이다. 생겨난 모든 것은 한 순간도 제자리에 머물지 않고 소멸을 향해 한 걸음씩 변해 가고 있다는 무상(無常)을 올바로 인식한다면 결코 삶을 허투루 살아갈 수 없음을 말해 준다.

이처럼 한국인의 삶 속에 드나들며 끊임없이 거론되는 죽음은, 현실을 적극적이고 바람직하게 살아가기 위한 모습을 취하고 있다. 죽음 그 자체의 사상을 발전시키기보다는 삶의 모습과 밀접히 연결시켜 낯설지 않은 모습으로 받아들임으로써 죽음을 극복해 온 것이다. 이에 대해 김동리 선생은 "한국인의 고유한 생사관은 내세적인 삶, 즉 사후 세계까지 현세 생활 속에서 복합적으로 산다."고 표현한 바 있다.

'개똥밭에 굴러도 이승'이라 현세의 삶을 무엇보다 중시하지만 끊임없이 죽음을 거론하며 살아가는 삶…. 이때의 죽음이란 새로운 탄생과 연결되는 내세관을 전제하거나, 혹은 산 자와 함께하면서 잊히지 않는 죽음을 통해 생과 사를 이어가는 것이다.

비일상의 시간, 윤달에 준비하는 죽음

살아 있을 때 죽음을 떠올리며 준비하는 문화는 다양하게 전승되어 왔다. 특히 윤회를 제시하는 불교를 중심으로 사후를 위해 복을 닦고 기원하는 신앙 행위가 큰 줄기를 이룬다. 그러한 가운데 특정한 시기에 자신의 보다 나은 내세를 기원하는 풍습이 있는데, 이는 곧 윤달에 행하는 일련의 의례이다.

윤달은 일상 속에 찾아드는 비일상의 시간이다. 현재 우리는 양력 중심의 삶을 살고 있지만, 약 120년 전만 해도 음력이 일상의 시간을 가늠하는 역법(曆法)이었다. 그렇다면 음력을 상용하던 시기에 윤달은 어떤 의미였을까? '25시'나 '제5의 계절'이 상징적 시간을 뜻하는 관용어라면, 몇 년마다 실제로 찾아드는 '13월'에 대한 생각은 예사롭지 않았을 것이다. 1년 열두 달이라는 안정된 주기 속에 또 하나의 달이 끼어든다면 삶의 리듬이 흐트러지고 일상에 혼란이 초래될 수밖에 없다. 이러한 비일상적 시간을 나름대로 해석하고 이에 적응해 온 모습이 곧 윤달 문화라 하겠다.

윤달이 든 해는 가외의 한 달이 더 생기는 셈이어서 옛사람들은 윤달을 공달·덤달·여벌달 등이라 불렀다. 『동국세시기』에는 다음과 같이 기록되었다.

> 혼례를 올리기에 좋고 수의를 만들기에도 좋은 달이다. 모든 일을 하는 데 부정이 타거나 액이 끼지 않는 달이다. 경기도 광주 봉은사(奉恩寺)에서는 윤달이 되면 장안의 부녀자들이 몰려들어 많은 돈을 불단(佛榻)에 놓고 불공을 드린다. 이 같은 행사는 달이 다 가도록 계속된다. 이렇게 하면 죽어서 극락으로 간다고 믿어 사방의 노파들이 와서 정성을 다해 불공을 드린다. 서울과 그 밖의 다른 지방의 절에서도 이런 풍속이 많이 있다.[17]

이에 따르면 윤달에는 수의 만들기나 혼례 등과 같이, 평소 부정이 타기 쉽다고 여겨 택일이 필요한 대소사를 처리해 왔다. 윤달이 덤으로 얻은 시간이라 인간사에 관여하는 신들도 감시를 쉬게 될 것이고, 따라서 평소 조심스러웠던 일을 해도 무탈하다고 보았기 때문이다. 특히 "윤달에 불공을 드리면 죽어서 극락으로 간다고 믿었다."고 기록하였듯이 윤달이면 극락왕생을 기원하는 풍습이 집중적으로 행해졌다. 극락왕생을 위해 불공을 올리는 풍습만이 아니라, 사후를 위해 살아 있을 때 미리 재를 올려 공덕을 쌓는 생전예수재(生前預修齋)를 비롯하여, 윤달에 성행하는 성밟기·삼사순례(三寺巡禮) 등도 보다 나은 내세를 위한 발원과 깊이 관련되어 있다.

생전예수재는 내세를 위해 명부 세계의 심판관인 시왕(十王)을 모시고 생전에 미리 자신의 천도재(薦度齋)를 올리는 것이다. 줄여서 '예수재'라 부르며, 죽어서 행할 일을 미리 한다고 하여 '역수(逆修)'라는 말을 쓰기도 한다. 예수재는 고려 말부터 시작되어 언제부턴가 윤달에 행하고 있는데, 예수재와 윤달의 결합은 매우 적합한 요소들을 지니고 있다. 예수재가 윤달 민속의 핵심인 명부 세계와 관련된 일인 데다가, 열 명의 시왕이 1년의 열두 달과 인간의 육십갑자를 각기 나누어 관장한다는 믿음과 연결되어 있기 때문이다. 시왕은 정의의 편에 서 있지만 인간에 대한 심판자로 공경과 두려움의 이중적 존재이다. 따라서 바람직한 내세를 기약하기 위해서는 "윤달엔 심판자가 없다."는 담론에 우선하여 시왕을 모시게 되고, 피하고 싶은 심판자일수록 더욱 정성을 쏟게 되는 것이다.

전북 고창 지역을 중심으로 한 성밟기[踏城]는 "윤달에 성을 세 바퀴 돌면 저승길이 트여 극락에 간다."는 믿음과 결합되어 있다. 따라서 성을 한 바퀴 돌면 다릿병이 낫고, 두 바퀴 돌면 무병장수하며, 세 바퀴 돌면 극락왕생한다는 속설이 전한다. 고창 모양성(牟陽城)의 진입로인 북문의 이름은 아예 극락문이다. "한 바퀴 돌면 다릿병이 낫는다."는 것은 정월 대보름의 세시 풍속인 다리밟기[踏橋]에서 "다리를 밟으면 다릿병이 낫는다."는 담론과 연결되어 생겨난 것이다. 이러한 풍습은 불교 내세관과 관련되어 있을 뿐만 아니라, 윤달에는 "인간을 감시·심판할 신이 없다 → 저승문이 열린다 → 극락에 갈 수 있다."는 일련의 윤달 담론을 기반으로 한 것이다.

하루에 세 곳의 절을 도는 세절밟기, 곧 삼사순례(三寺巡禮)도 윤달의 중요한 풍습이다. 윤달에는 사찰에서 다라니부적을 나누어 주는 곳이 많은데, 삼사순례를 할 때마다 받은 부적을 태우지 않고 모으는 풍습도 널리 전한다. 이렇게 모은 부적을 죽은 뒤 관 속에 넣으면 극락왕생하고 후손에게도 복이 미친다고 보는 것이다.

1996년에 개봉된 임권택 감독의 영화 〈축제〉의 입관 장면에서는 고인의 비녀를 비롯해 후손들이 반지·목걸이 등의 정표와 노잣돈을 관 속에 넣어 주는 내용이 나온다. 이때 큰며느리가, 고인이 살아생전에 윤달 삼사순례를 해서 모은 부적들을 관 속에 넣기 위해 가져오면서 다음과 같이 말한다.

> 달포 전인가? 그날따라 어머니가 멀쩡한 얼굴로 이것을 내놓으시면서 "나 죽을 때 갖고 갈란다." 안혀요? 알고 봉께 3년에 한 번 오는 윤달마다 하루 날 잡아서 세 군데 절을 댕기며 부적을 받아다가 모으면 자식들 무병하고 또 복 받는다는 소리를 어디서 들었는지, 생전 절간 근처도 댕기지 않으시는 분이 천관사로 옥룡사로, 또 장안사로 하루에 세 군데 절간을 찾아댕기면서 이 부적을 모았다 안하요? 힘도 없는 노인네가 어떻게 그렇게 험한 산길을 댕기셨는지 참말로 기도 안 차요.
>
> 엄니가 누구를 위해서 그렇게 간절한 정성을 들였겠소? 자, 한번 열어 보고 아재 손으로 넣어 드리시오. 그만큼 부적을 모으실려 하면, 족히 수십 년 세월은 다니셨을 턴디, 날마다 얼굴 맞대고 사는 나도 몰랐으니 하이구, 행여 누가 알면 그 정성 새나갈까 그렇게 꽁꽁 숨겼을꼬….

이는 영화 속의 내용이지만 현실의 풍습을 반영하고 있다. 영화 〈축제〉는 실제 전통 상례의 과정을 담고 있어 민속사적 가치를 지닌 작품이기도 하다. 수십 년간 부적을 모아 죽을 때 갖고 가려 한 영화 속의 고인처럼, 윤달이라는 특별한 시기에 자식들의 기복과 자신의 내세를 위해 세 곳의 사찰을 돌며 구해 오는 부적은 큰 효험을 지닌 것으로 여겨졌다.

중국의 고대 문헌인 『춘추곡양전(春秋穀梁傳)』에 따르면 "윤달은 남은 수
(數)를 모아 만들어 정상적인 달이 아니기 때문에 길흉대사를 모두 행하지
않는다."고 하여 윤달을 극도로 기피해 왔다. 윤달에 대한 경계심은 '윤(閏)'
이라는 글자가 문(門) 안에 왕(王)이 거주하는 것으로 만들어진 데서도 엿볼
수 있다. 윤달에는 왕이 집무를 보는 정전(正殿)에서 나와 숙소인 침전(寢殿)
에 머문다는 뜻을 담고 있기 때문이다. 이처럼 고대 중국에서는 윤달을 비
상월(非常月)이라 보면서 "윤달에는 백사(百事)를 행하지 않는다."고 하여, 정
상적이지 않은 기운 속에서 하는 일이 제대로 되지 않을 것이라 근신하는
풍조가 강했다.

이러한 경계 심리는 비일상의 시간에 대한 보편적 심성의 하나로 볼 수
있다. 그런데 우리나라의 경우는 부정적 측면보다 긍정적 측면에 비중을 두
면서, 여러 갈래의 윤달 민속이 공존한다. 예컨대 『고려사』와 『조선왕조실
록』을 보면 중국의 예를 들며 윤달에 액을 막는 의식을 행하거나, 윤달을 기
피하는 조정 대신들의 건의가 등장하곤 한다. 이에 비해 민간에서는 윤달을
'궂은 달이 아니라 흉(凶)을 길(吉)로 전환하는 힘을 지닌 달', '일상을 훼손하
는 시간이 아니라 일상을 풍요롭게 하는 시간'으로 승화시켜 온 것이다.

삶과 죽음이 전도된 의례들

한 인간의 일생에서 가장 중요한 탄생과 죽음의 의례는 모두 주인공이 직
접 주관할 수 없다는 공통점을 지닌다. 탄생은 이 세상에 갓 태어난 생명이
기에 어쩔 수 없지만, 죽음은 가장 완숙한 단계에서 맞는 마지막이기에 철

저히 타인에게 의존할 수밖에 없다는 사실이 때로 안타깝다. "죽은 이후에 어떻게 자신의 죽음의례를 주관할 수 있는가."라는 생각은 너무나 당연한 것이기도 하다.

그런데 이러한 고정관념을 깨고 자신이 주인공이 되어 죽음의례를 미리 치르는 일련의 문화가 전승되어 왔다. 망자를 위한 의례를 살아 있는 사람에게 적용하여 치르는 대표적인 것으로 무속의 '산 오구굿'과 불교의 '생전예수재'를 들 수 있다. 산 오구굿은 넋굿인 오구굿을, 생전예수재는 천도재를 살아 있을 때 미리 치르는 것이다. 오구굿과 예수재는 모두 고인의 몸을 떠나보내는 장례를 마친 다음, 영혼을 떠나보낼 때 행하는 의례들로 무속과 불교의 상례에 해당한다. 따라서 망자의 영혼을 좋은 내세로 천도(薦度)하는 의례를 미리 행함으로써 사후에 좋은 곳으로 갈 수 있다고 여기는 것이다.

이에 비해 장례를 살아 있을 때 치르는 '생전장례'가 있다. 산 오구굿과 생전예수재가 보다 좋은 내세로 가기 위한 것이라면, 생전장례는 사후의 문제와 무관하다. 자신의 죽음의례를 타인의 손에 맡기지 않고 직접 주관함으로써 죽음을 주체적으로 맞고자 하는 뜻이 크기 때문이다.

죽음의례를 미리 치르는 것뿐만 아니라 반대로 살아 있는 이를 위한 의례를 망자를 위한 것처럼 여기는 풍습 또한 존재한다. 육십갑자를 새로 맞게 되는 환갑(還甲)을 둘러싼 일련의 담론들 속에 이러한 인식이 뚜렷이 드러난다. 이에 산 오구굿, 생전예수재, 생전장례 및 환갑에 대한 이중적 관념을 통해 삶과 죽음이 전도된 일련의 문화를 살펴본다.

1. 산 오구굿

오구굿은 망자의 영혼을 저승으로 천도하기 위한 굿으로 주로 동해안 지역에서 널리 행해진다. 따라서 '산 오구굿'이란 망자를 위한 오구굿을 살아 있는 사람을 대상으로 치른다고 하여 생겨난 이름이다. 이 굿은 부산과 경남을 중심으로 행해지며 불교적 색채가 짙어, 사후를 위한 의례를 생전에 미리 치르는 불교 예수재의 영향을 받은 것으로 보인다.

죽은 이를 위한 오구굿을 사령제(死靈祭)라 하는 반면, 산 오구굿은 살아 있는 이를 위한 것이기에 생축제(生祝祭)라고도 한다. 이 굿의 기주(祈主)는 노인들로 자신의 죽음을 대비해 미리 의례를 치르는 것이다. 이들은 사람이 죽으면 오구굿을 해야 좋은 곳에 태어난다고 믿어 자신의 사후에 후손들이 굿을 치러 주기를 바란다. 그러나 사후에 자신의 굿을 열어 준다는 확신이 없기 때문에 살아 있을 때 직접 행함으로써 오구굿을 대신할 수 있다고 보는 것이다. 산 오구굿에는 한 사람이 기주가 되어 행하는 개인 산 오구굿과 여러 사람이 기주가 되는 공동 산 오구굿이 있다. 개인을 위한 오구굿을 보다 바람직한 것이라 여기지만 경비 부담 때문에 공동으로 치르는 경우가 일반적이다. 따라서 수 명에서 수십 명에 이르기까지 추렴하여 함께 행함으로써 비용 부담을 줄이는 가운데 산 오구굿의 효과를 누리는 것이다.[18]

산 오구굿은 절차도 오구굿과 유사하여 큰굿의 열두거리를 모두 한다. 산 오구굿의 열두거리는 조상굿, 골매기굿, 문굿, 초망자굿, 오구대왕풀이, 영산맞이, 꽃노래, 등노래, 탑등놀이, 마당밟이, 화산(火散), 수부치기 등의 굿거리로 이루어져 있다.[19]

먼저 간단하게 부정을 물리치고, 조상신인 성조신 · 세존신(世尊神)과 마을 수호신인 골매기신을 모셔 굿을 올린다. 이어 문굿에서는 사방의 문을 활짝 열어 신을 맞이하는데 이때 굿에 참여한 모든 무당이 연주와 함께 한바탕 춤을 춘다. 기주의 넋을 불러 위로하는 초망자굿, 바리데기를 구연하는 오구대왕풀이를 거쳐, 굿의 핵심에 해당하는 영산맞이를 한다. 영산맞이에서는 종이로 만든 용선(龍船)에 망자의 위패를 실어 '길베' 또는 '극락줄'이라 부르는 긴 무명천 위에 올려 놓고 용선을 좌우로 밀면서 길을 닦아준다. 희고 긴 천은 망자의 길을 상징하고, 용선은 망자가 저승으로 갈 때 타고 가는 배를 상징하여 기주가 무사히 저승에 갈 수 있도록 길을 열어 주는 뜻이 담겨 있다.

이어지는 꽃노래 · 등노래 · 탑등놀이는 망자의 영혼이 극락과 같은 좋은 곳으로 갔음을 기뻐하며, 지화(紙花)와 등과 탑등을 들고 흥겹게 춤을 추고 노는 거리이다. 마당밟이에서는 굿에 참여한 모든 이들이 나와서 기주들을 가마에 태우고 마당을 돈다. 악기를 연주하고 춤을 추는 가운데 구경꾼들도 함께 따라 마당을 밟으며 놀다가, 마지막에는 모두 함께 지화를 들고 흥겹게 춤을 춘다. 이를 극락춤이라 하는데 기주가 무사히 극락왕생을 하게 되었음을 축하하는 뜻을 담고 있다. 이윽고 굿에 사용된 모든 의식용품을 불에 태우는 화산을 거쳐, 잡귀에게 헌식을 풀어 먹이는 수부치기로 굿은 끝이 난다.

산 오구굿의 구조를 보면, 신들을 청하여 축원을 한 다음 영혼을 천도하고, 이를 축하하는 놀이마당을 거쳐 '기주의 극락왕생'이라는 목표를 달성한다. 실제 오구굿에서는 망자의 위패를 용선에 태우고 길을 닦아 줌으로써 극락왕생을 구체화한다. 이에 비해 산 오구굿의 주인공은 살아 있기 때문에 길 닦음뿐만 아니라 가마에 기주들을 태우고 마당을 돎으로써 극락으로 이동한다는 의미를 가시적으로 드러낸다.

2. 생전예수재

예수재는 '생전에 미리[預] 닦는다[修]'는 뜻처럼 사후를 위해 살아 있을 때 재를 올려 공덕을 쌓는 의례이다. 불교의 윤회관에서는 사람이 죽으면 생전에 지은 업에 따라 다음 생이 결정된다고 보기에, 내생은 이전 생의 업을 갚는 방식으로 살아가게 된다. 따라서 예수재는 다음 생에 살아가면서 갚아야 할 과보를 살아 있는 동안에 미리 갚는 성격을 지닌다. 사찰에 따라 예수재를 하루나 삼칠일간 치르기도 하고, 7일마다 일곱 번에 걸쳐 칠칠재로 지내기도 한다. 칠칠재로 치르는 것은 사람이 죽은 뒤 다음 생을 받기까지 49일간 중음(中陰)에 머문다고 보아 이때 치르는 사십구재(四十九齋)를 생전의례에 그대로 적용한 것이다.

의례에서 모시는 신적 존재는 상단·중단·하단으로 위계가 나누어져 있다. 불보살을 모시는 상단은 증명단의 구실을 하고, 핵심 위치를 차지하는 중단은 시왕[十王] 등을 중심으로 명부 세계의 권속을 모시며, 하단은 부속단에 해당한다. 예수재에서 시왕을 주 의례 대상으로 삼는 것은 명부 세계에서 심판을 하는 존재이기 때문이다.

예수재의 특성은 누구나 살아 있는 동안에 빚을 안게 되는데, 이는 경전을 보지 못한 빚과 금전적인 빚이라고 본다는 점이다. 태어날 때 명부에서 수생전(壽生錢)을 빌려 생명을 받아 태어났기 때문에 각자의 십이지(十二支)에 따라 부여된 빚을 갚아야 한다고 보았다. 이처럼 자신이 태어난 해에 따라 읽어야 할 경전과 갚아야 할 금액이 다르다고 보아 이를 육십갑자별로 적어 놓은 것을 십이생상속(十二生相屬)이라 한다. 따라서 동참재자들은 각 단의 신적 존재들을 차례로 청해 경배와 공양 의례를 올릴 뿐만 아니라, 경전을 읽고 금은전(金銀錢)을 헌납하는 과정을 거친다. 지전을 납입하여 빚을 갚고 나면 '함합소(緘合疏)'라는 한 장의 서류를 받는데, 이를 반으로 찢어 한 조각은 불사르고 나머지는 재자가 간직한다. 이 종이는 영수증과 같은 징표의 구실을 하여 재자가 죽은 뒤 관 속에 넣어 명부에 가지고 간다. 그곳에서 불태워진 조각과 대조하여 맞으면 그 공덕을 인정받아 왕생하게 된다는 것이다.

예수재의 의례 절차는 일곱 단계로 구분하여 살펴볼 수 있다. 첫 번째는 도입에 해당하는 순서로 예수재를 설행하게 된 연유를 밝히고, 의례 공간을 청정하게 정화하는 단계이다. 정화를 하는 주체로 관음보살을 청한다. 관음보살은 감로병을 지물(持物)로 지니고 다니는데, 그 안에는 중생의 모든 고통을 없애 주는 감로수가 담겨 있다고 여긴다. 이에 감로수를 뿌려 만물을 깨끗하게 해 주기를 기원하며 관음보살의 위신력을 구하는 것이다.

두 번째는 명부 세계를 오가는 사자를 청해 공양을 올리는 사자공양(使者供養)의 단계이다. 본격적인 의식을 사자공양으로 시작하는 것은 지장보살을 비롯해 시왕과 권속 등 명부 세계의 존재들을 예수재에 강림하도록 요청하는 문서를 전달하기 위함이다. 사자는 이승과 저승을 오가는 존재이기에 이들을 먼저 청해 초청장과 문서를 정식으로 전달함으로써 명부 세계의 존재들을 모실 수 있다고 보는 것이다. 따라서 태어난 연월일시를 각각 다스리는 연직(年直)·월직(月直)·일직(日直)·시직(時直) 등 네 명의 사직사자(四直使者)를 청하여 공양을 올리고 돌려보내는 절차를 거친다.

세 번째는 상단에 모실 부처님과 여러 성중을 청하여 관욕(灌浴)을 행한 뒤 증명단의 자리로 모시는 상단소청(上壇召請)의 단계이다. 네 번째는 중단에 모실 명부 세계의 존재들을 청하여 관욕을 행하고, 이들을 상단의 삼보전에 예를 갖춰 배례하게 한 다음 각자의 자리로 모시는 중단소청(中壇召請)의 단계이다. 다섯 번째는 하단에 모실 존재들을 청하는 하단소청(下壇召請)의 단계이다. 하단에서는 관욕을 하지 않는데, 이들은 명부 창고의 관리를 맡고 이승과 저승을 오가는 연락 담당의 존재들로 인간의 일에 직접 관여하여 화복(禍福)을 내리는 존재가 아니기 때문이다. 따라서 공양을 올리며 지극히 감사하되 성스러운 존재를 대상으로 행하는 관욕은 하지 않는다. 하단의 존재들은 상단과 중단에 차례로 배례한 다음 각자의 자리에 모신다.

여섯 번째는 상단·중단·하단에 순서대로 공양을 올리는 가지공양(加持供養)의 단계이다. 하단공양까지 마무리되면 법주가 금은전과 경전 헌납을 증명하는 '함합소'를 독송함으로써 전생 빚을 모두 갚았음을 증명하게 된다. 동참재자들은 사전에 이름과 주소는 물론, 자신의 십이생상속에 따라 금액과 경전 수를 적은 각자의 함합소를 받아 지니게 된다. 따라서 이때 함합소를 반으로 찢어 한 조각은 간직하고, 한 조각은 봉송 때 금은전·경전 등과 함께 불사른다. 자신이 간직한 절반의 함합소는 나중에 명부 세계에 갔을 때 그곳에 있는 불태워진 조각과 맞추어 보아 맞으면 그 공덕을 인정받아 왕생하게 된다는 것이다.

마지막 일곱 번째는 재가 끝났음을 알리고 모든 성중을 돌려보낸 뒤 금은전을 비롯한 각종 예수용품을 불태우는 봉송(奉送)의 단계로써 의식을 마무리한다.

예수재는 '미리 닦는다'는 말에서 알 수 있듯이 본래 불자들이 소홀했던 자기수행을 점검하고 선행을 발원하는 데서 출발하였다. 『지장보살본원경

(地藏菩薩本願經)』에 "살아서 선업을 닦지 못하고 많은 죄를 지어 죽었다면 권속이 그를 위해 복을 지어 줄 때 그 공덕의 7분의 1은 망인에게 돌아가고 나머지는 산 사람에게 돌아간다. 그러므로 이 말을 잘 들어 스스로 닦으면 그 공덕의 모두를 얻게 될 것이다."라고 하였다. 이는 살아 있을 때 스스로 수행하여 닦는 복이 사후에 대신 지어 주는 복보다 훨씬 큰 것임을 뜻한다. 많은 경전에서 "예수코자 하거든 방생부터 먼저 하라."고 한 것도 자신의 내세만을 위해 기도할 것이 아니라 주변을 돌아보며 공덕을 쌓으면 그것이 더 큰 복이 되어 자신에 돌아온다는 의미를 담고 있다.

불교에서는 예수재에서 생전의 업으로 드는 경전과 금전이 불자의 기본적인 권리이며 의무라고 본다. 경전 빚은 불법(佛法)으로 인도하고, 금전 빚은 공덕을 쌓도록 이끌어 현세의 업을 맑게 하는 것이 예수재를 행하는 참 의미라 한다. 마음공부에는 소홀한 채 자신의 복된 내세만 바라는 것은 불교의 기본 가르침인 인과응보에 맞지 않기 때문에 이를 깨우치게 하는 것이 경전 빚이라는 것이다. 이에 비해 금전 빚은 삼보로부터 받은 가르침에 대해 대가없는 보시(布施)를 이끌어 공덕을 쌓도록 하는 뜻이 담겨 있다.

특히 육십갑자에 따른 십이생상속의 금액을 현재의 화폐가치로 환산해 보면, 가장 낮은 금액인 1만 2천 관을 갚자면 54억 정도가 필요하고 가장 높은 금액인 28만 관을 갚자면 천 억이 넘는 금액이 된다. 금액이 너무 커서 일반 화폐로는 헌납하기 힘들기에 금은전으로 만들었던 것이다. 이렇게 천문학적 금액을 설정한 것은 우리의 업이 그만큼 깊고 무거움을 나타내기 위함이다. 업은 과거 한 생의 것만이 아니라 무수한 전생의 업연(業緣)이 쌓인 것이다. 어떤 일의 가치를 물질로 나타낼 때 금액이 높을수록 가벼이 여길 수 없는 중대한 일임을 느끼게 된다. 따라서 업연의 위중함과 엄정함을 새기면서 이러한 높은 금액의 빚을 갚을 수 있을 만큼 간절한 수행으로 악업을 녹이고 선업을 지어 나가도록 이끄는 뜻이 담겨 있다.

예수(預修)의 의미는, 미리 수의와 관을 마련하는 등 생전에 죽음을 준비하고 복을 쌓는 윤달 민속과도 상호 영향을 주고받으며 전승되었다. 살아 있을 때 미리 죽음의 의례를 행하는 일련의 풍습은 자칫 기복적으로 흐를 수 있지만 다양한 예수의 풍습이 자신의 죽음을 내다보면서 소홀했던 자기 수행을 점검하고 선행을 발원하는 의미임을 되새겼던 것이다.[20]

3. 환갑에 대한 이중적 관념

망자를 위한 의례를 살아 있는 사람에게 적용하여 치르는 것과 반대의 풍습이 있다. 이는 산 사람을 위한 의례를 죽은 자를 위한 의례처럼 여기는 것으로, 환갑(還甲)을 '산 제사'라 하고 환갑을 맞은 이를 '산 조상'이라 하는 풍습이다.

환갑은 경사스런 날로 여겨 축하 잔치를 치르는 것이 일반적이지만, 이와 나란히 환갑을 운수가 좋지 않은 해로 여겨 기피하고 근신하는 생각이 동시에 있었다. 환갑과 관련된 기록으로 고려 후기인 충렬왕 22년(1296)에 '換甲'이라는 용어가 『고려사』에 처음 등장한다.[21] 이해 정월 갑신일에 충렬왕은 죄수들을 석방하고 여러 방식으로 벼슬길을 열어 주는 한편, 조세를 바치기 위해 자식을 판 빈민들을 위해 관청에서 속금을 내어 부모에게 돌려보내도록 하는 등 널리 은혜를 베풀었다. 이는 당시 왕의 나이가 61세 되는 해이므로 역술가가 "환갑은 재앙이 많은 해이니 미리 신수를 바꾸어야 한다."고 했기 때문이었다.

또 다른 기록을 보자.

> 병인일에 왕이 서쪽 교외에 나가서 사냥하였다. 국사승(國師僧)이 왕에게 글을 올려 이르기를 "전하께서 환갑이 되는 해이니 마땅히 몸을 조심하여 덕을 닦아야 할 것이요, 놀러 다니거나 사냥하러 다니는 데 열중하여서는 안 됩니다."라고 하였다.[22]

> 왕이 한강을 불러 말하기를 "내가 왕위에 있은 지도 이미 오래되어 금년에는 환갑 나이가 되었으니 더욱더 근신하고 소심하게 일을 보아야 하겠다. 그대는 실행해야 할 만한 일들을 일일이 말해 주도록 하라."고 하였다.[23]

국사승과 충렬왕이 언급한 내용처럼 오히려 환갑을 운수가 좋지 않은 해로 여겼던 것이다. 조선 중기의 유학자 성혼(成渾)의 문집에도 "나는 올해가 61세이니 세속에서 꺼리는 이른바 환갑[今年六十一細 俗忌所謂還甲]이다."[24]라고 적은 것을 보면 이러한 관념은 조선 시대까지 이어졌음을 알 수 있다. 근래에도 "환갑을 하면 좋지 않다."는 속설이 남아 있어, 60세가 되는 해에 앞당겨서 잔치를 하거나, 환갑 때는 오히려 근신하는 풍속[25]이 전승되고 있다.

이처럼 환갑에 대한 부정적 인식은 평균수명이 짧았던 시대에 육십갑자를 한 바퀴 돌았다는 것을 곧 '수(壽)'를 다했다'는 뜻으로 해석했기 때문인 듯하다. 주역에서도 환갑이 지나면 사주팔자의 괘가 나오지 않는다는 것처럼 한 생의 일단락이라는 의미가 컸던 것이다.

이와 관련하여 경북 문경에서는 "환갑을 끝이자 시작으로 보아 환갑잔치를 지낼 때 '산 조상에게 제사 지낸다'는 말을 하면서 절을 두 번 올렸다."[26]

고 하며, 경기도 평택에서도 환갑을 '산 제사'라 부르면서 조상숭배의 일부로 여겼다. 이 지역을 조사한 한 연구에서는 환갑잔치와 조상제사의 의식 형태가 상당한 유사성을 지니고 있음을 환기시키면서, 주민들의 인식 또한 이와 다르지 않음을 파악하였다.[27] 이를테면 주민이 "자식들에게 어떻게 제사를 지내는가를 보이는 것은 그들에게 내가 늙으면 어떻게 부양해야 하는가를 알리기 위해서이다."라고 하였듯이, 노인으로 진입하는 환갑이 조상숭배의 의미 속에서 수용되는 것이다.

그런데 문경 주민의 언급에서 "살아 있지만 죽은 조상이기에 재배(再拜)로 예를 표한다."고 하였지만, 재배를 하는 대상은 망자만이 아니다. 관혼상제 등 집안의 큰 의식에서는 평소 절의 배수를 하는 것이기에 남자는 재배, 여자는 4배를 하게 된다. 따라서 일단락의 의미와 함께 재배를 하는 예법이 제사와 연결되면서 '산 조상', '산 제사'라는 인식이 생겨난 듯하다. 이처럼 환갑을 맞은 것은 장수를 뜻하기에 경사스런 날이라는 생각과 더불어, 육십갑자를 넘어선 데 대한 조심스러움이 함께하였음을 알 수 있다.

이러한 풍습에는 육십갑자가 다시 시작되는 전환점을 무엇보다 중요하게 여겼던 인식이 담겨 있다. '인생은 육십부터'라는 말이 공연히 생겨난 게 아니라, 육십갑자를 한 바퀴 돌고 나서 이때부터 새로운 갑자가 시작되기 때문인 것이다. 주역에서도 환갑이 지나면 사주팔자의 괘가 나오지 않는다니, 그야말로 사주팔자에서 벗어나 새 인생을 자유롭게 펼쳐 나갈 시점이라 하겠다. 그런데 실제 환갑이 되던 해에 생전장례를 치러 새롭게 태어나는 뜻을 다진 사례가 있어 주목된다.

4. 생전장례

　살아 있을 때 미리 자신의 장례를 치르는 생전장례는 산 오구굿이나 생전 예수재와 다른 맥락에서 행해졌다. 이는 사후를 염두에 둔 의례가 아니라 스스로 자신의 장례를 주관하면서 죽음을 성찰하는 뜻을 지닌다는 점에서 주목된다. 또한 생전장례를 환갑에 치름으로써, 환갑을 일단락의 의미로 받아들이며 죽음을 거쳐 새롭게 태어나는 전환점으로 삼았음을 짐작할 수 있다.

　생전장례에 대한 자료는 극히 드물다.[28] 전하는 사례로 1961년 3월에 전북 부안군 내소사에서 치러진 승려의 생전장례가 있다. 당시 호남불교의 기둥이었던 해안(海眼) 스님이 자신의 환갑을 맞아 열 명의 제자에게 상여를 매게 하고 장례를 치른 것이다. 사진 자료를 보면, 스님이 탄 상여는 흰 연꽃으로 장식되어 있고 흰 장삼에 굴건(屈巾)을 쓴 14~16명의 인원이 상여를 메고 가는 모습이 영락없는 장례 행렬이다. 이들은 모두 해안 스님의 제자들이다.

　이처럼 승려의 생전장례를 치른 것은 해안 스님의 경우가 처음이라 한다. 관련 자료를 찾기 힘들어 민간에서도 생전장례를 치렀는지는 알 수 없지만, 생전에 미리 자신의 넋굿이나 예수재를 치르고 수의를 만들었던 문화를 생각하면 생전장례 또한 드물게나마 행해졌을 가능성이 크다.

　당시 해안 스님의 장례 풍경을 좀 더 살펴보면, 내소사 지장암에서 꽃상여가 출발하여 일주문을 돌아서 다시 승려들의 유골을 봉안하는 부도전(浮屠殿)을 향하였다. 내소사와 약 1km 거리의 상여길 주변에는 보기 드문 광경을 보려는 천여 명의 인파가 몰렸다. 상여 행렬이 멈추고 잠시 상여 밖으로 나온 해안 스님은 군중을 향해 "대나무 매듭처럼 지금까지 살아온 육십 평생을 매듭짓겠습니다. 이제 시시비비를 가리며 지냈던 모든 일을 깨끗이 씻어버리고 새롭게 태어나겠습니다."라고 선언하였다. 그는 이로부터 13년이 지난 1974년에 세수 74세로 세상을 떠났고, 유골은 생전장례를 치를 때 마지막 도착지였던 부도전에 모셔졌다.

그런데 해안 스님의 생전장례 때 이를 지켜보던 열 살 남짓한 사미승이 있었다. 그는 해안 스님의 제자 동명(東明) 스님으로, 2014년 4월에 자신이 다시 주인공이 되어 53년 만에 스승의 생전장례를 재현하였다. 2014년은 해안 스님이 입적한 지 40주년이 되는 해로, 해안 스님이 생전장례를 치르던 장소와 시간과 상여의 모습 그대로 내소사에서 생전장례식을 올린 것이다. 여러 큰스님들이 상여를 이끌고 700여 명의 사부대중이 상여 뒤를 따르는 가운데 일주문을 거쳐 전나무 숲길을 거슬러 부도전으로 향했다. 일주문을 지난 후 꽃상여를 탄 동명 스님은 상여 안에서 다음과 같은 열반가를 불렀다.

…나는 가네 나는 가. 부귀공명을 다 버리고 나는 가네 나는 가
나무아미타불
백년 삼만 육천 일을 우리 인생이 산다고 해도 허망하기 짝이 없네
나무아미타불
가진 권세를 다 누리고 무소불위 호령하던 사람들도 항복하네
나무아미타불

동명 스님은 자신이 64세 되는 해에 스승의 생전장례를 재현하면서, 해안

스님이 생전에 자신의 장례를 치른 것은 생사의 거리낌 없이 영원한 자유인으로 살겠다는 뜻임을 일깨웠다. 해안 스님의 비석 뒷면에도 '생사어시 시무생사(生死於是 是無生死)'라 적어 "죽고 나는 것은 마음에서 나왔으나 마음에는 생사가 없다."는 평소 해안 스님의 가르침을 담았다고 한다. 이처럼 해안 스님은 생전장례를 통해 자신의 삶을 돌아보고 새로운 삶을 살아야겠다고 스스로 다짐하는 동시에, 대중에게는 이러한 가르침을 널리 일깨웠다.

지금까지 살펴본 것처럼 생전에 치르는 죽음의례 또한 여러 갈래로 다양하게 전승되어 왔다. 수의를 만드는 풍습, 산 오구굿, 예수재 등에서 볼 수 있듯이 죽은 이후의 일을 살아 있을 때 미리 행함으로써 사후 좋은 곳에 갈 수 있고 살아 있는 동안에도 복덕이 커진다고 보았다. 미리 죽음을 준비함으로써 오히려 복된 현세와 내세를 기약할 수 있다고 여기며, 내세를 준비하는 일련의 행위들을 공덕을 쌓는 뜻으로 받아들였던 것이다.

아울러 환갑을 '산 제사'라 부르며 마치 죽음에 들어서는 통과의례처럼 여기는 풍습 또한 살펴볼 수 있었다. 육십갑자를 한 바퀴 돌아 새롭게 맞는 시점을 또 다른 삶으로 들어서는 것이라 보아 생과 사의 순환을 삶 속에서도 낯설지 않게 수용하였던 것이다. 이러한 시기에 살아 있는 이를 위해 미리 장례를 치르기도 하면서 환갑을 축하의례로만 여기지 않고 생사의 중요한 전환점으로 보았다.

합리적 관점에서 보자면 살아 있는 이를 위해 장례를 치르거나 저승으로 천도하는 것은 있을 수 없을 뿐만 아니라 매우 불길한 일처럼 여겨지기도 한다. 그러나 옛사람들은 생사가 전도된 의례로써 자신이 삶을 돌아보고 죽음을 체험하는 일이 결코 불길하거나 슬픈 것이 아니라는 사실을 말해 주고 있다. 오히려 스스로 생사의 주인공이 되어 어떻게 살아가야 할지 돌아보면서, 불확실한 내세를 위해 미리 공덕을 쌓는 적극적인 일로 여긴 것이다.

근래에도 남녀노소 없이 미리 유서를 써 본다든지 입관(入棺)을 체험하는 것처럼 죽음을 생각해 보는 문화가 확산되고 있다. 이러한 문화는 모두 살아 있는 동안의 다짐과 성찰을 염두에 둔 것이다. 사후의 문제는 그 누구도 알 수 없는 것이기에, 죽음을 둘러싼 모든 것은 산 자들의 인식의 문제이며 따라서 삶 속에서 해결되는 문제이기 때문이다. 이러한 일련의 문화는 삶과 죽음이 서로 연결되어 조화를 이루는 생사관을 반영한다. 이승과 저승이 단절된 별개의 세계가 아니라 자연의 이치에 따라 순환한다는 것을 받아들임으로써 생사일여의 삶을 살아가고자 했던 것이다.

스스로 주인공이 되는 죽음, 이는 삶이 자신의 것이었듯 삶의 마지막에 있는 죽음 또한 온전히 자신의 것임을 인정하는 행위이다. 죽음을 부정하고 회피하는 것은 자신의 삶에서 주인공이 되지 못한 채 일생을 마치는 것이다. 옛사람들에게 풍성했던 이러한 풍습에서 죽음을 돌아보며 살았던 뜻을 새기게 된다. 그들은 죽음에 대한 깨달음에 삶을 바꾸게 하는 힘이 있음을 지혜롭게 터득했던 듯하다.

제3장

임종 기록을 통해 본
옛사람들의 생사관

삶의 마지막 순간을 남기다

시대를 막론하고 노환이 깊어지거나 병세가 위독하면 환자 본인과 가족은 정신적·물리적으로 죽음을 받아들일 준비를 하게 된다. 임종을 예비하는 단계에 와 있기 때문에 가족들은 환자를 편안한 거처로 모신 다음, 손발을 잡고 마지막 순간을 지켜봄으로써 종신(終身) 또는 임종(臨終)을 하는 것이다. 전통적으로 부모의 임종을 지키지 못하는 것을 큰 불효로 여겼고, 중앙에서 벼슬을 살다가도 부모가 연로하면 낙향하여 곁에 머물며 마지막 자식된 도리를 지키고자 했던 것이 전통 시대의 임종 문화라 할 수 있다.

생을 마감하는 임종 무렵은 환자에게 자신의 죽음을 앞둔 절체절명의 중요한 시간이다. 그러나 실제 이 시기는 심신이 극도로 쇠약하여 생의 마지막 무렵에 느끼는 자신의 감회나 의지를 드러내지 못한 채 숨을 거두는 경우가 대부분이다. 따라서 유언이나 죽음에 대비한 일 처리는 대개 병세가 위독해지기 전에 마친다.

특히 사후의 구원이 종교의 기반을 이루어왔듯이 임종 무렵은 종교적으로 매우 소중한 시간이다. 이 무렵에 신앙심이 깊은 이들은 머리맡에 경전과 성물(聖物) 등을 두고 종교에 더욱 귀의하는 현상을 살펴볼 수 있다. 불교에서는 임종 때 어떤 마음가짐을 지니느냐에 따라 내생이 달라진다고 하여 이 시기를 일생에서 가장 중요한 순간으로 보며, 환자가 편히 이승을 떠나 정토에 이르도록 법문을 일러 주는 임종염불에 큰 의미를 두고 있다. 천주교의 경우 임종 무렵의 의식으로 몸에 기름을 바르고 최후로 사죄의 은총을 받는 종부성사(終傅聖事)를 치르거나 신도들의 임종기도가 따른다.[1] 개신교에서도 '임종은 일생 중 가장 심각한 시간이며, 영혼과 육체가 분리되는 시간이요, 낙원과 음부가 결정되는 시간'이라고 보아 성경봉독·찬송·기도 등의 의식을 행한다.[2]

개인의 임종에 대한 사료(史料)는 기록을 중시했던 전통 시대에도 희귀한 편이다. 임종은 일생일대의 중요한 사건이지만 긴급하고 경황없이 벌어지는데다 환자가 쇠약한 상태에서 숨을 거두기 때문에 특별한 기록으로 남기지 않는 경우가 대부분인 것이다. 문집의 경우는 주인공이 직접 쓴 내용이고, 사후에 다른 이가 쓴 기록이 있다 하더라도 삶의 궤적과 업적에 대한 내용이 중심을 이루게 마련이다.

그런 가운데 주인공의 죽음과 장례 등에 대한 내용이 집중적으로 등장하는 자료들로 무덤을 둘러싼 일련의 기록에 주목할 수 있다. 무덤의 안팎에는 무덤 주인공에 대해 새겨 놓은 기록들이 남아 있고 그 내용 또한 생전의 행적이 대부분을 차지한다. 그러나 무덤 조성을 전후하여 작성한 기록이기 때문에 상대적으로 망자의 죽음을 추모하거나 애틋해 하는 마음이 많이 담겨 있고, 임종에 대한 내용도 드물지 않게 발견되어 한국인의 임종 역사를 살피는 데 중요한 사료들이라 할 수 있다.

무덤과 함께하는 기록은 크게 무덤 바깥에 세우는 묘비명(墓碑銘)과 무덤 안에 넣는 묘지명(墓誌銘)으로 나눌 수 있다. 묘비명은 돌을 다듬어서 세운 묘비에 새긴 문장을 말한다. 묘에 세우는 비석은 신분 등에 따라 비(碑)·갈(碣)·표(表)로 나누어 묘비·묘갈·묘표라 표현하기도 하나 엄격하게 구분하지 않고 통용되는 경우가 많다. 무덤 바깥에 우뚝 세워 가문의 위세와 조상숭배의 정신을 드러내는 묘비명에 비해, 묘지명은 돌·금속·자기 등에 고인의 삶을 적어 무덤 안에 매장한다는 점에서 바깥에 세우는 비문과 구분된다. 광중(壙中)에 넣어 둠으로써 후일 무덤 형태가 바뀌어 누구의 묘인지 알지 못할 때 묘의 주인공을 알아내는 데 유용했을 것이다. 고려 시대 이조년(李兆年)의 묘지명에는 이러한 내용이 적혀 있다.

> 무덤에 지석(誌石)[3]이 있는 것은 오래되었다. 세대가 이미 멀어지면 혹 (무덤이) 허물어질 수가 있지만 그 지석을 살펴보면 그것이 누구의 무덤인가를 알게 되어 차마 덮어 주지 않을 수 없는 것이니, 이에 사군자(士君子)가 그 어버이를 장례 지낼 때에 뒤로 미루지 않는 것이다.[4]

묘비명은 중국 한나라 때 크게 발달했으나, 205년 위나라의 조조(曹操)가 많은 인력과 비용이 소요되는 후장(厚葬)의 폐단을 없애고자 비석 세우는 것을 금지했다. 대신 소형 비석을 만들어 관과 함께 매장하는 풍습이 성행하면서 묘지명 문화가 발달한 것이어서 묘지명은 묘비명에서 유래한 셈이다. 우리나라도 고려 시대에는 묘비명의 대상을 왕사·국사 등으로 엄격히 제한하여 임금의 허가를 받아야 묘비를 세울 수 있었고, 조선 시대에도 2품 이상 관직을 지낸 이에게만 허용되었다. 그러다가 조선 중기 이후 조상을 드러내려는 욕구가 커지면서 화려하고 거대한 묘비 제작이 보편화된 것이다. 특히 묘지명은 고려 시대에 집중적으로 발달했는데, 이는 4세기 후반부터 당나라 때까지 약 600년간 묘지명 제작이 활발했던 중국의 풍습을 받아들였기 때문이다. 또 하나의 요인으로는 당시 지배층의 장례 풍습인 화장과 깊이 관련된다. 화장한 뒤에는 망자의 뼈를 수습해 작은 석관에 담아 매장했는데, 묘지명은 이런 작은 공간에 석관과 함께 매장하기에 적합한 소재였던 것이다.[5]

따라서 여기서는 고려 시대와 조선 시대 묘비명·묘지명의 내용에서 관련 기록을 살펴 죽음에 임하는 역사 속 인물들의 임종 사례를 분석해 보고자 한다. 실제 이들 자료에는 임종에 대한 내용이 의외로 많지만 임종을 다룬 역사적 연구가 전무한 것은 임종이라는 상황이 지닌 비의례적(非儀禮的) 특성과도 밀접하게 관련된다. 오늘날에도 '임종의례'라는 말이 익숙하지 않은 것은, 임종 무렵은 의식이 따르는 공적 영역이 아니라 사적 영역의 사건에 가깝기 때문이다. 화장·매장 등의 장례(葬禮)처럼 제도나 관습의 문제가 아니기에 일상적 임종 상황을 역사적 연구 대상으로 눈여겨보지 않았던 듯하다.

당시 사람들이 임종에 대한 기록을 남겼다는 것은 특별히 주목할 만한 언행이 있었음을 뜻한다. 그 내용은 주로 가족만 알 수 있는 개인사이기에 기록으로 남지 않는 경향이 있지만, 뚜렷한 양상으로 드러나거나 평소의 소신·신앙심 등과 관련된 경우에는 특별히 주목하였던 것이다. 임종 무렵은 생의 마지막을 맞는 순간이기 때문에 이 시기에 표출하는 언행은 개인의 생사관이나 가치관을 뚜렷이 드러내는 특징이 있다. 특히 묘비명이나 묘지명을 남기는 것은 권세 있는 집안에서나 가능한 일이었기에 당대 지배층의 죽음에 투영된 이념적 특성도 살필 수 있으리라 보인다. 따라서 임종 사례를 통해 옛사람들의 실증적 생사관을 고찰하고, 사상기조를 달리하는 고려와 조선왕조 선비들의 죽음이 어떠한 차별성을 지니는지에 대해서도 분석할 수 있을 것이다.

이 글의 목적은 개인의 죽음에 담긴 역사 사례를 통해 한국인의 일상적 죽음관을 살피는 데 있기 때문에 분석 대상에서 왕과 승려는 제외하였다. 아울러 나라 혹은 특정 명분을 위한 자결, 의롭거나 숭고한 죽음, 사약으로 인한 죽음처럼 특수한 성격 또한 대상에서 제외하였다.

고려 시대 사람들의 임종

1. 묘지명에 나타난 임종 관련 기록

고려 시대는 임종에 대한 역사 기록이 빈약한 가운데 묘지명에서 관련 내용을 집중적으로 살펴볼 수 있다. 당시 지배층에서는 무덤의 주인공에 대한 기록으로 돌에 새겨 무덤 안에 넣는 묘지명을 주로 사용하였고, 현재까지 325점 내외의 묘지가 실물로 발견되거나 문헌 기록에 실려 있다. 묘지명에는 주인공의 가계와 혼인 관계, 벼슬, 행적 등이 기록되어 있어 고려 시대 연구의 중요한 기반이 되고 있다. 이들 가운데는 『고려사』·『고려사절요』 등에 실려 있지 않은 인물도 있을 뿐만 아니라 주인공의 죽음을 계기로 작성된 내용이기에 임종에서부터 수개월에 걸친 장례의 과정이 기록된 경우가 많다. 따라서 고려 시대 죽음 연구에도 큰 도움을 준다.

이에 고려 시대 묘지명을 판독한 『고려묘지명집성(高麗墓誌銘集成)』[6]을 참조하여 임종에 대한 기록이 있거나 사찰에서 임종한 사례들을 뽑아 〈표1〉

로 정리하였다. 이 책에는 325인의 묘지명이 연대순으로 수록되어 있는데, 승려 20인을 제외한 305인 가운데 사찰에서 임종한 경우를 포함하여 임종과 관련된 내용이 기록된 인물은 44건 정도이다. 실제 특별한 임종 사례가 있었다 하더라도 묘지명을 쓴 이가 가족들로부터 임종 관련 내용을 듣지 못했을 수 있고, 들었을 경우에도 중요하지 않다고 판단하거나 기록하지 않은 경우가 많을 것이다. 임종 장소에 대한 기록 또한 마찬가지여서 장소 자체에 대한 기록이 없는 인물이 많을 뿐만 아니라 글자가 깨어져 관련 내용을 판독할 수 없는 경우도 다수이다. 따라서 위의 자료에서 파악할 수 있는 내용만을 반영한 것이므로 실제로는 임종과 관련된 유의미한 사례들이 훨씬 더 많다고 봐야 할 것이다.

〈표1〉 고려 시대 묘지명의 임종 관련 기록(44인, 사망 연대순)[7]

인물	성별	생몰연대	임종장소	임종 무렵의 언행
이농서	남	978-1059	효가원 (孝家院)	
이자연	남	1002-1061	묘각사 (妙覺寺)	임종 때 잠깐 정신이 맑아져 불교 다비법에 따르도록 유언 남김.
이정	남	1025-1077	불은사 (佛恩寺)	당일 저녁 손발을 씻고 의관을 단정히 하고 앉아 아미타 염불을 한 다음 스스로 보살 8계를 받고 누워 임종함.
정목	남	1040-1105	용흥사 (龍興寺)	
최사추	남	1034-1115	자운사 (慈雲寺)	
박경인	남	1057-1121	소신사 (燒身寺)	
이공수	남	? -1137	서방정사 (西方精舍)	
한유충	남	1080-1146	사찰	
배경성	남	1083-1146	신화사 (新和寺)	

인물	성별	생몰연대	임종장소	임종 무렵의 언행
염경애	여	1100-1146	집	임종 때 남편과 자식들에게 각기 유언을 남겼고, 내용이 모두 이치에 닿아 들을 만함.
김씨부인	여	1068-1148	불경원 (佛境院)	
김의원	남	1071-1148	임천사 (臨川寺)	
원항	남	1080-1149	용흥사 (龍興寺)	
정지원	남	1090-1149	중방사 (中房寺)	
이탄지	남	1086-1152	은해사 (銀海寺)	전날 재(齋)를 올리고 불전에 향을 피우고 승려들에게 음식공양을 한 다음, 객실로 물러나 천수진언을 밤새 외우다 앉은 채 임종함.
윤언민	남	1095-1154	집	승려를 청해 정화수를 마시고 오물을 토했으며 날짜와 시각을 묻고 "나는 곧 죽을 것이오"라고 함. 다음 날 결가부좌한 채 향을 사르고 임종함.
양씨부인	여	1094-1156	금탑사 (金塔寺)	
박소	남	1097-1156	숭교사 (崇敎寺)	
이씨부인	여	1099-1157	집	죽을 때에 이르러 세수를 하고 불경을 외다가 임종함.
임경화	남	1103-1159	사찰	
왕영 딸	여	1150-1185	창신사 (彰信寺)	
최씨부인	여	? -1186	(사찰)	○○를 닦고 부처를 ○○ 받아들이고… 임종함.
이일랑	여	? -1192		목욕재계한 뒤 옷을 갈아입고 아미타 염불을 하며 임종함.
김순	남	1138-1197	집	단정하게 앉아 임종함.
○동보	남	? -1201		단정하게 앉아 임종함.
윤응첨	남	? -1228	창복사 (昌福寺)	율사(律師)를 청해 계를 받고, 법회를 열어 율법의 조목대로 모두 답함. 끝나자 ○○를 앉아서 받고 ○○를 상에 가득 마련해 보내고, 씻은 다음 임종함.
유자량	남	1150-1229	집	팔계문(八戒文)을 살펴보고 목욕재계한 뒤, 날이 밝자 시간을 물은 다음 임종함.
김중문	남	? -1237		목욕재계하고 계를 받은 다음 임종함.
김중구	남	1175-1242	봉고사 (鳳顧寺)	3일 전 절에 100인의 승려를 청해 함께 목욕하고 공양을 올림. 다음날 승려를 극진히 접대함. 당일 가부좌를 하고 임종함.
양택춘	남	1172-1254	집	승려를 청해 염불하게 하고, 불보살 명호를 부르다가 오른쪽으로 누워 임종함.

인물	성별	생몰연대	임종장소	임종 무렵의 언행
김주정	남	1228-1290	(집)	미리 (임종) 일시와 뒷일을 부탁하고, 또렷한 정신에 태연하고 편안하게 임종함.
조인규	남	1237-1308	집	아들에게 형제간의 우애와, 집안을 바로잡아 나라를 잘되게 할 것을 당부함. 말을 마치고 목욕재계한 뒤 서쪽을 향해 무릎 꿇고 앉아 향로를 받들며 찬불(讚佛)하고, 게송을 외우며 앉은 채 임종함.
최씨부인	여	1227-1309	집	전날 삭발하고 승려를 청해 계를 받음. (법명: 향진向眞)
박씨부인	여	1249-1318	집	임종이 다가오자 승려를 청해 삭발하고 계(법명: 성공省空)를 받았으며, 종 한 명을 시주하여 출가시킴. 당일 목욕재계하고 자녀 등을 불러 뒷일을 부탁한 뒤 합장한 채 아미타 염불을 함. 숨이 거의 끊어질 때까지 염불하는 입술이 움직였고, 기운이 다한 뒤에야 두 손이 풀어짐.
유씨부인	여	1247-1326	집	임종이 가깝자 승려를 청해 삭발하고 계(법명: 목진目眞)를 받음.
윤선좌	남	1265-1343	(집)	자녀를 불러 다투지 말고 화목하게 지낼 것을 훈계하고, 말을 마치자 의관을 바르게 하고 단정하게 앉아 임종함.
권부	남	1262-1346	(집)	좌우에 명하여 안아 일으키게 하고 단정히 앉아서 임종함.
김륜	남	1277-1348	(집)	좌우에서 부축해 일으키게 하고 의관을 갖춘 다음 앉아서 임종함.
유돈	남	1274-1349	집	전날 아들을 불러 내일 떠날 것임을 말하고, 밤이 지나자 닭이 울었는지를 물은 뒤, 하늘이 밝아오자 '돌아가리로다 돌아가리로다'라는 말을 끝내고 임종함.
한종유	남	1287-1354	집	임종이 다가오자 아들·사위들에게 여한이 없음을 말하고 사흘 뒤 이별할 것임을 예언함. 실제 그날 임종함.
왕씨부인	여	? -1356	집	항상 염불하였고 임종 때도 ○○함.
김광재	남	1294-1363	집	당일 부인에게 죽더라도 여한이 없음을 말하고, 남자는 부인의 품 안에서 숨을 거두지 않는 것이 예이니 여종들과 더불어 물러가 있을 것과, 소리를 크게 하거나 급한 말로 자신을 어지럽게 하지 말 것을 당부한 뒤 임종함.
이인복	남	1308-1374	집	의관을 정제하고 북쪽을 향해 절하며, 주변에 부탁하기를 국가의 두터운 은혜를 입었으나 도움을 준 것이 없어 죽는 것만으로도 부끄러우니 관청에서 치러 주는 장례를 사양토록 말한 뒤 원복(元服)을 입게 하고 임종함.
윤지표	남	1310-1382	(집)	단정하게 앉아서 임종함.

2. 사찰에서 맞는 죽음

고려 시대의 묘지명에는 사찰에서 임종한 이들의 기록이 많이 등장한다. 305인 가운데 임종 장소에 대해 언급하지 않은 경우는 161인이며, 나머지 144인 중 집에서 임종한 이가 110건이고, 사찰에서 임종한 이와 공무를 보다가 외지에서 임종한 이가 각각 21건을 차지한다. 참수를 당한 이도 1건 있다. 〈표1〉에서도 드러나듯이 1250년대부터 사찰 임종이 사라졌지만, 불교적 죽음이 활발했던 고려 중기의 인물 가운데는 실제 사찰에서 임종한 이들이 더 많았을 것이다. 임종 장소를 기록하지 않은 이들 가운데 평소 돈독한 불자로서의 삶을 기록한 경우가 많기 때문이다.

이처럼 많은 이들이 사찰에서 임종하고자 했던 것은 생의 마지막 순간을 종교에 의지하기 위함이다. 왕족과 귀족층에서 출가하여 승려가 되는 이들이 많았듯이, 불심이 깊었던 고려 사람들은 불보살이 상주하는 공간에서 불공을 올리고 기도하는 가운데 임종을 맞고자 했던 것이다.

특히 왕은 정침(正寢)에서 임종하는 것이 관례지만 고려 시대에는 집권 중이던 왕들조차 사찰을 찾아 숨을 거둔 경우가 많았다.[8] 3대 정종과 6대 성종은 병환이 위독해지자 왕위를 물려주고 각기 제석원(帝釋院)과 내천왕사(內天王寺)로 옮겨 불교적 죽음을 맞이한 왕들이다. 1046년(정종 12)에 임종한 10대 정종 또한 몸이 편치 못하자 대궐 안에 있는 법운사(法雲寺)로 옮겼고, 10일 후 임종한 뒤 선덕전(宣德殿)으로 옮겼다고 하였다. 법운사에서 임종했다는 직접적인 말은 없으나 문맥상 그곳에서 숨을 거둔 것으로 볼 수 있다. 고려 후기 충렬왕은 태자 시절 원나라의 공주와 결혼하면서 왕위에 올라, 재위 기간 내내 원의 입김에 휘둘리다가 1308년(충렬왕 34) 신효사(神孝寺)에서

쓸쓸하게 최후를 맞은 왕이었다. 이전인 충렬왕 23년에는 그의 왕비이자 원나라 세조(世祖)의 딸인 안평공주(安平公主) 역시 현성사(賢聖寺)에서 임종함으로써 재위 시절의 왕과 왕비 모두가 사찰에서 임종한 사례를 남기기도 하였다.

이처럼 종교적 이유와 더불어, 사찰 임종이 성행한 이유 가운데 하나로 사찰이 병자나 연로한 이들의 심신 수양과 요양에 적합한 환경을 지녔던 점을 들 수 있다. 또 당시 사찰에서는 의학적·종교적 치료를 함께 기대할 수 있었다. 중국에서 불교가 들어올 때부터 불경 속에 의료 지식이 포함되어 있었고,[9] 승려들이 책에서 습득한 의료 지식과 함께 불교적 관점에서 마음의 병을 다스린 것은 이미 삼국시대부터의 일이었다. 설법과 불공 등으로 환자의 마음을 편안하게 하며 산에서 구할 수 있는 약초·차·침술로 병을 다스려, 신앙과 의술로써 질병을 치료했던 것이다. 환자들이 신앙으로 치병(治病)의 가피(加被)를 구하거나 불보살과 승려의 영험으로 병이 낫기를 기대하는 사례 또한 많았다.

뿐만 아니라 임종 후에는 사찰에 빈소(殯所)를 차려 손님을 치르고 망자를 위한 불공을 겸할 수 있었다. 따라서 집에서 임종한 이의 주검을 사찰로 옮겨 빈소를 차리기도 했으며, 화장을 하고 나면 유골을 수습하여 일정 기간 사찰에 모셨다가 다시 무덤에 묻는 이중장·복장의 장례가 성행하였다. 정목(鄭穆)의 사례를 살펴보자.

5월 을묘일에 용흥사 덕해원(龍興寺 德海院)에서 눈을 감았다. 그달 신유일에 불교 예절에 따라 절의 서쪽 언덕에서 화장했는데, 장례를 지내고 상여를 꾸미는 것이 법도에 어긋남이 없었다. 경오일에 유골을 거두어 임시로 서울 동

북쪽의 안불사(安佛寺)에 모셔 두었다. 그해 … 좋은 장지를 점쳐서 알려 주었
으므로, 갑신일 새벽에 홍호사(弘護寺) 서남쪽 언덕에 안장하였다.[10]

정목의 경우 용흥사에서 임종하자 그곳에 빈소를 차려 모셨다가 6일이
지난 다음 화장하였으며, 화장한 유골을 수습해 4~5개월 동안 사찰에 모시
는 권안(權安)의 기간을 거쳐 다시 사찰과 가까운 곳에 매장하였다. 이처럼
당시 사람들은 임종에서부터 상례의 전 과정을 불보살의 보살핌 속에서 종
교적 방식으로 치르고자 했던 것이다.

'임종─빈소─화장 후 유골 안치─유골 매장'의 모든 역할을 맡았던 고려
시대의 사찰은 마치 오늘날의 병원처럼 집·병원·장례식장의 구실을 통
합적으로 수행하고 있었음을 알 수 있다. 현대인들이 집이 아닌 병원에서
임종을 맞고, 집에서 임종했더라도 장례식장으로 옮겨 빈소를 차리는 것과
거의 흡사하다. 뿐만 아니라 사찰에서는 화장을 하고 유골을 안치하는 기
능까지 맡고 있어 죽음과 관련된 총체적 서비스를 담당했던 셈이다. 병원
과 장례식장이 의료적·물리적 처치에 중점을 두고 있다면, 사찰은 이에 종
교적 처치까지 더함으로써 죽음을 둘러싼 현실적이고 관념적 문제들을 함
께 충족시킬 수 있었을 것이다.

고려 시대에 사찰에서 병자를 치료하고 임종을 준비하며 주검을 처리하
는 종합시스템을 갖추고 죽음과 관련된 매 단계마다 종교적 처치를 해 온
데서 당시 불교의 위상을 짐작할 수 있다. 이는 상류층에 해당하는 것이었
지만 사회적으로 이러한 죽음을 지향했다는 데서 고려 시대의 특성을 살펴
볼 수 있다. 특히 말년을 절에서 보내다가 임종을 맞는 경우는 노후와 질병
관리에 이르기까지 사찰 측의 특별한 대우를 받았음을 의미한다. 사례로

등장하는 이들은 평소 법당이나 절을 짓는 데 주체가 되거나 많은 시주를 하고 집으로 승려를 청하는 등 주로 상류층에서 가능한 불사(佛事)를 해 왔다고 짐작할 수 있다. 무덤 속에 묘지명을 남기는 것 자체가 권세 있는 집안에서나 가능한 일이었기 때문이다.

그러다가 1200년대 중반 이후 사찰 임종이 자취를 감추었고, 사찰에서 빈소를 차린 경우 또한 이와 맥을 함께한다. 고려 후기에 성리학을 수용한 신진 사대부들이 유교 사상에 따른 관혼상제를 적극 보급하면서, 개인의 신앙과 무관하게 불교의 사회적 역할은 점차 축소되어 갔던 것이다. 따라서 고려 말에 이르면 임종 때 "남자는 부인의 품 안에서 숨을 거두지 않는 것이 예이니, 여러 여종들과 더불어 물러가 있으시오."[11]라 하여 유교적 죽음의 특성을 보이고, "내가 죽거든 거리낌에 얽매어 불교 방식[浮屠法]을 쓰지 말라."[12]며 불교의 화장을 하지 않도록 일찌감치 후손들에게 당부하는 이들이 등장한다.

3. 불교적 죽음의 양상들

고려 시대 인물들의 임종 무렵 언행을 기록한 사례는 29건이다. 이들 내용은 중복되는 경우를 포함하여 몇 가지 유형으로 구분해 살펴볼 수 있다.

첫째, 불자로서 신행 행위를 하는 가운데 죽음을 맞은 경우이다. 가장 주목되는 유형으로, 임종 무렵에 염불·불공·수계 등 불교 신자로서 특성을 드러내며 임종한 이들의 사례는 17건이다. 문종(文宗)의 장인이었던 이자연(李子淵)[13]의 집안 사람들은 독실한 불교 신자였던 듯하다. 그는 임종 직전에 정신이 맑아져 자신의 장례를 모두 불교의 다비법에 따르도록 유언했는데,

아들인 이정(李頲)[14] 또한 임종하는 날 손발을 씻고 의관을 단정히 갖추고 앉아 아미타불을 염한 다음 스스로 보살 8계를 받고 숨을 거두었다.

평소 불교를 잘 받들어 불경을 즐겨 암송하였던 이씨 부인(李氏夫人)[15]은 병이 무거워지자 세수를 한 뒤 불보살의 명호를 부르며 임종하였고, 유자량(庾資諒)[16]은 팔계문(八戒文)을 살펴보고 목욕재계한 다음날 세상을 떠났다. 이일랑(李一娘)[17]은 목욕재계하고 아미타불을 외우며 세상을 떠났는가 하면, 조인규(趙仁規)[18]도 임종하던 날 저녁이 되자 목욕재계한 뒤 서쪽을 향해 무릎을 꿇은 채 찬불하고 게송을 외우다가 단정히 앉아 임종하였다. 왕씨 부인(王氏夫人)[19] 또한 평소 불교 신앙이 깊어 항상 염불하였고 임종 시에도 염불하며 눈을 감았다.

이들은 한결같이 죽음이 가까웠음을 알고 목욕재계한 뒤 염불하거나 독경 등으로 임종을 맞았다고 기록하였다. 실제 중환자가 임종하는 날 스스로 심신의 준비를 했다는 기록에는 다소 미화의 여지가 있겠으나 죽음을 앞두고 병석에서 불교에 깊이 의지했음은 분명할 것이다. 특히 스스로 보살 8계를 받거나, 아미타불이 상주한다는 서방정토의 방향을 향해 불공을 올린 사례들은 구체적인 신행 행위로써 임종을 준비하였음을 보여준다.

임종이 가까웠을 때 승려들을 청하여 계를 받거나 공양한 사례들도 있다. 예컨대 이탄지(李坦之)[20]는 임종 무렵에 재(齋)를 마련해 부처님께 예배하고 승려들에게 공양을 올린 후 밤새 천수진언(千手眞言)을 외우다가 단정히 앉아 임종한 경우이다. 윤응첨(尹應瞻)[21]은 떠날 시기가 가까워지자 율사(律師)를 청해 계를 받고 법회를 열어 율법의 조목대로 모두 답을 하였다. 김중문(金仲文)[22]은 목욕재계하고 계를 받은 뒤 숨을 거두었고, 양택춘(梁宅椿)[23]은 병이 심해지자 승려를 청해 염불하게 하면서 임종 때도 염불과 게송을 읊었다. 김중구(金仲龜)[24]는 자신이 중건한 집 서쪽의 절에 가서 선승(禪僧) 100인을 모셔다가 함께 목욕하며 정성스럽게 공양을 올리다가, 절에 머문 지 나흘 뒤에 가부좌한 채 임종하였다. 윤언민(尹彦旼)[25] 또한 승려를 청해 정화수를 마시고 다음 날 가부좌한 채 향을 사르고 임종한 경우이다. 대표적인 사례로 이탄지의 임종 기록을 살펴보면 다음과 같다.

> 맑은 마음으로 힘써 받들어 ○○재(齋)를 설치하고 향을 피워 부처님 안전[玉毫]에 예를 바친 다음, 승려들에게도 음식을 공양하였다. 끝난 다음 손님방으로 물러나 편안히 앉아서 천수진언(千手眞言)을 밤새 외우다가 단정하게 앉은 채로 눈을 감았다.

이들은 매우 적극적인 사례들로, 죽음을 맞아 승려를 청해 재와 법회를 열고 계를 받는가 하면, 율법의 조목에 스스로 답함으로써 마치 출가자와 같은 모습을 연상케 한다. 특히 김중구의 경우는 자신이 중건한 사찰에 100인의 선승을 모시고 함께 목욕하였다는 기록에서 선가(禪家)의 활달한 기개를 드러내었다. 이들이 보여준 불교적 죽음에서 깊은 신앙심과 더불어, 불사(佛事)나 반승(飯僧)을 주도하는 공덕으로 사후 극락을 기원하는 종교적 심성을 읽어 볼 수 있다.

임종이 가까워질 무렵 머리를 깎고 불문(佛門)에 든 이들도 많다. 1309년에 사망한 최씨 부인(崔氏夫人)[26]은 83세에 임종하기 전날 머리를 깎고 비구니가 되어 법명을 향진(向眞)이라 하였고, 유씨 부인(兪氏夫人)[27] 또한 80세 되던 해에 임종이 가까워지자 목욕재계한 뒤 승려를 청해 머리를 깎고 목진(目眞)이라는 법명을 받았다. 박씨 부인(朴氏夫人)[28]은 묘련사 주지를 청해 머리를 깎고 법복을 갖추어 계를 받아 법명을 성공(省空)이라 하였으며, 종 한 명을 시주하여 출가시켰다. 그녀는 당일 오시(午時)가 되자 목욕재계하고 자녀 등을 불러 뒷일을 부탁한 뒤 합장한 채 오로지 아미타불을 염했는데, 저녁 나절이 되어 숨이 거의 끊어질 때까지 염불하는 입술이 멈추지 않았고 기운이 다한 뒤에야 합장한 손이 흐트러졌다.

이들은 죽음이 가까웠음을 알고 삭발하여 승려가 됨으로써 일상의 세속적 삶에서 벗어나 오로지 염불 수행으로 임종을 맞으려 하였다. 신라의 진흥왕이 임종할 때 머리를 깎고 법의를 입은 뒤 세상을 떠났듯이 임종 무렵에 불교에 귀의한 사례는 왕실에서도 드물지 않았던 듯하다.[29] 자신의 삶을 돌아보는 가운데 생사의 무상함을 느끼며 불교적 가르침으로 수행하여 번뇌에서 벗어나길 원했고, 또한 삭발 입문하여 부처님의 제자로서 죽음을 맞는다면 그 공덕이 더욱 크리라 기대했을 것이다.

둘째, 앉아서 임종한 경우이다. 이는 일상적 죽음과 거리가 멀지만 10건의 사례를 남기고 있어 당시 선비 사회에서 널리 회자된 죽음이었음을 짐작케 한다. 이러한 죽음은 좌탈입망(坐脫立亡)이라 하여 앉거나 선 자세로 세상을 떠나는 고승들의 임종 자세로 알려져 있으며, 세상을 떠나는 순간까지 흐트러짐 없는 위엄을 지녀 일상적 죽음과 차별된다. 아울러 육신의 생사를 조절할 수 있어 높은 경지에 이르렀음을 뜻한다는 담론도 전승되고 있다. 사례에서는 불교적 죽음과 관련된 경우도 많지만, 불교와 관련된 설명 없이 "단정하게 결가부좌한 채 앉아 임종하였다."고 기록한 사례가 6건으로 더욱 많다.

…자녀를 불러 말했다. "지금 사람들이 형제간에 서로 화목하지 못하는 것

은 재물을 다투기 때문에 일어나는 것이다." 아들 찬에게 명하여 문서를 쓰게 하고 가산을 고르게 나누어 주고, 또 타일러 말하였다. "화목하게 지내고 다투지 말기를 너희들 자손에게 훈계한다." 말을 마치자 의관을 바르게 하고 단정하게 앉아서 눈을 감았다.[30]

이는 1343년에 임종한 윤선좌(尹宣佐)에 대한 기록이다. 앉아서 임종한 내용을 제외하면 기록상으로는 불교와 무관하게 보일 뿐만 아니라 이들 6인의 경우 실제 삶에서도 불교와 관련된 내용이 등장하지 않는다. 특히 사례에 한해 볼 때 남성의 죽음에서 불교적 흔적이 자취를 감춘 고려 말기에 불교와 무관한 좌탈이 4건이나 있었다는 점에서, 당시 선비 사회에서 좌탈이 그 자체로 평범한 죽음과 구분되는 추앙받는 죽음이었음을 짐작할 수 있다. 아울러 묘지 주인공의 종교가 불교였다 하더라도 유교적 이념으로 대세가 기울던 고려 말기에 묘지명에 구태여 그러한 내용을 기록하지 않았을 가능성도 크다.

셋째, 자신의 임종 날짜를 예측한 경우이다. 사례에는 4건 정도가 기록되어 있는데, 유돈(柳墩)[31]·한종유(韓宗愈)[32]·김주정(金周鼎)[33]의 사례에는 임종 당시는 물론 생전의 삶에서도 불교와 관련된 내용은 보이지 않는다. 먼저 유돈은 하루 전날 아들을 불러 '내일 나는 떠날 것'이라 하고 밤이 지나자 "닭이 울었느냐?"라고 물은 뒤 하늘이 밝아오자 "돌아가리로다 돌아가리로다."는 말을 마치고 임종하였다. 그는 생전에도 목에 은비녀가 걸린 호랑이의 입에 손을 넣어 호랑이를 구해 주자 구월산 산신이 현몽하여 감사했다고도 하고, 땅속에 관사의 흔적이 있는 옛터를 맞추고 길을 옮겨 내게 하여 마을의 운세를 바꾸는 등 기행(奇行)의 행적이 기록된 인물이다. 따라서 실제 여부와 무관하게 평소 이러한 삶을 추구했던 인물이었고, 임종 또한 그러한 삶의 연장선상에서 맞았음을 알 수 있다.

한종유는 위독해지자 아들·사위들에게 "나라의 은혜를 입고 벼슬이 최고의 지위에 이르렀으니 설령 중수(中壽)를 누리지 못하고 죽는다 해도 여한이 없다. 내가 사흘 뒤에는 마땅히 너희들과 이별할 것이니 너희들은 기다려 보라."고 예언하였고, 그날이 되자 임종하였다. 김주정의 경우는 기록이 박락되어 정확한 뜻은 알 수 없으나, 임종하면서 미리 일시(日時)를 언급하고 뒷일을 부탁했다는 점으로 미루어 자신의 죽음을 예언한 것임을 알 수 있다. 윤언민[34] 또한 승려를 청해 정화수를 마시고 뱃속의 오물을 토한 다음 날짜와 시간을 묻고 '나는 곧 죽을 것'이라는 말을 남기고 다음날 임종한 경우이다.

이처럼 자신이 죽을 날짜를 예언한 것은, 임종에 임박해 죽음을 예감하며 염불 등 다양한 언행을 남긴 대부분의 사례와도 일맥상통한다. 다만 불교적 언행은 죽음에 처한 경우에도 변함없이 혹은 집중적으로 평소의 신행이 드러난 것이라는 점에서, 자신의 임종 날짜를 미리 이야기하는 것과는 성격을 달리한다고 볼 수 있다. 특히 윤언민은 날짜와 시간을 묻고, 유돈은 닭이 울었는지 물음으로써 자신이 임종하는 시각에 의미를 두고 있음을 알 수 있다. 이들 외에 유자량[35] 또한 시간을 묻고 임종하였음을 기록한 바 있다.

자신의 죽음을 예언하고 임종 직전에 시각을 묻는 데는 여러 해석이 가능할 것이다. 옛사람들이 12지(支)로 나눈 각 시각의 의미를 중요하게 다루었던 만큼 자신에게 의미 있는 시간에 임종을 하고자 하는 마음과, 자신의 죽음을 역학적으로 헤아려 보려는 마음 등을 유추해 볼 수 있다.

그 외에 몇 가지 시사점을 살펴보면, 임종을 예감하자 목욕하거나 손을 씻고 옷을 갈아입는 등의 사례가 12건에 해당하여 정갈한 심신으로 죽음에 임하려는 재계(齋戒)의 몸짓이 집중적으로 드러난다.

또 가족에게 남기는 일반적 유언을 살필 수 있는 가운데, 자신의 죽음과 관련하여 나라의 은혜를 입고 한 일이 없으니 관청에서 치러 주는 장례를 사양하도록 한 이가 있는가 하면, 지금 죽는 것에 별달리 여한이 없다는 말을 남긴 경우도 2인이 있다. 특히 1363년에 사망한 김광재[36]는 부인과 여종을 물러가게 하고 큰 소리나 급한 말로 자신을 어지럽게 하지 말 것을 당부한 다음 임종함으로써, 관혼상제가 불교에서 유교로 서서히 바뀌어 가는 고려 말기의 상황을 보여준다.

조선 시대 사람들의 임종

1. 묘비명 · 묘지명에 나타난 임종 관련 기록

조선 시대의 개인에 대한 행적은 무덤을 둘러싼 기록뿐만 아니라 문집과 각종 편년사서(編年史書) 등의 다양한 문헌 자료로 남아 있다. 그러나 여기서는 연구 자료를 확대하기보다 고려 시대와 동일하게 무덤 안팎에 기록된 내용으로 제한하여 조선 시대 임종 문화의 양상을 살피는 데 초점을 두었다. 조선 시대에는 묘지명과 묘비명이 모두 발달하였기에 이들 모두를 대상으로 하되, 국립문화재연구소에서 제공하는 '한국금석문종합영상정보시스템'[37]의 자료를 중심으로 살펴 임종과 관련된 내용을 분석하였다.

이 자료에 실린 조선 시대의 금석문은 390건으로, 사적비 · 중창비 · 중수

비 등의 기념비나 승려·왕실의 비문 등을 제외한 일반 개인의 묘문(墓文)은 약 304건에 해당한다. 그 가운데 임종에 대한 기록이 있는 사례들을 뽑아 〈표2〉로 정리하였다. 조선 시대에도 묘비명과 묘지명을 제작하는 것은 양반 가문에서나 가능한 일이었기에 지배층 혹은 선비 사회에서 추구한 죽음의 일면을 살펴볼 수 있을 것이다.

〈표2〉 조선 시대 묘비명·묘지명의 임종 관련 기록(42인, 사망 연대순)

인물	성별	생몰연대	조성연대	임종 무렵의 언행
권근	남	1352-1409	신도비 (神道碑) (1447)	전날 아들과 사위들에게 "내 평생에 불교를 좋아 아니하였으니 너희는 불사를 일으키지 말라"고 명함.
정경부인 함씨	여	1392-1481	묘비 (墓碑) (1705)	전날 "내일이 가공(家公)의 제삿날인데 나 또한 가공과 같은 날에 죽겠다." 하였고, 제삿날이 되자 "평생 한 일 가운데 남에게 부끄러운 것은 없다. 나이가 90을 바라보고 자손도 많으니 죽어도 여한이 없구나." 하였으며, 제사를 마쳤는지 자주 물어보다가 다 지냈다는 말을 듣자 임종함.
노사신	남	1427-1498	신도비 (1500)	왕이 승지를 보내 유언을 물으니 "특별히 드릴 말씀은 없으나, 다만 경연에 부지런히 임하시고 형벌과 시상은 법도에 맞게 하시기를 바랄 뿐입니다."라고 대답함.
심응	남	?-1504	신도비 (1524)	자신을 부축하게 하여 일어나 여러 아들과 결별을 고하고 다시 침소에 누운 뒤 임종함.
심사순	남	1496-1521	묘갈 (墓碣) (1579)	아들들에게 글을 남겨 몸가짐을 조심하라고 일러줌.
김용석	남	1453-?	유허비 (遺墟碑) (1688)	책상 위의 책들을 불태워 세상에 이름을 남기지 않고자 함.
이세정	남	1461-1522	묘갈 (1533)	아들·사위를 모아 놓고 "내 제사에는 기름과 꿀을 쓰지 말고, 염습에는 비단을 쓰지 말며, 모든 일은 간소하게 하라."고 하여 정신과 언어가 조금도 흐트러지지 않음.
이계맹	남	1458-1523	신도비 (1648)	뒷일을 묻는 이에게 대답이 없었고, 임종할 날을 예측한 뒤 때가 되자 아녀자를 물리치고 정침으로 나가고자 했으나 일어날 수 없어 몸을 끌어 자리를 피하다가 임종함.

인물	성별	생몰연대	조성연대	임종 무렵의 언행
서경덕	남	1489-1546	신도비 (1585)	한 문생이 "선생께서 오늘 의사(意思)가 어떠하십니까?" 하니, "사생(死生)의 이치를 안 지 이미 오래라서 의사가 편안하다."라고 답함.
이현보	남	1467-1555	신도비 (1566)	아들들에게 "내 나이 90이고 너희들이 모두 있고 국은을 후히 받았으니 죽어도 유감이 없다. 초상을 검약하게 하고 장사는 시기를 넘기지 말라."는 말을 마치고 임종함.
정원린	남	1526-1560	묘갈 (1560)	아내에게 손짓하여 나가게 하고 "남자는 부인의 손에서 죽어서는 안 된다"고 함.
상진	남	1493-1564	신도비 (1566)	처자를 불러 후사를 부탁하고, 부녀자들이 시신 옆에서 호곡(號哭)함은 군자가 죽음을 제대로 맞는 도리가 아니니 그런 일이 없도록 당부함. 너그러운 말로 일가(一家)를 진정시켜 병시중을 들던 자도 위독함을 알아채지 못한 채 임종함.
신권	남	1501-1573	묘갈 (1747)	여러 자식들을 돌아보며 "너희는 신중히 하여 불선(不善)을 행하지 마라."는 말을 남김.
유중영	남	1515-1573	신도비 (1584)	임종 무렵 우연히 아들의 관직 임명장이 온 것을 기뻐하지 않고 "임금 섬기는 데 털끝만한 거짓이 있어서는 안 된다."고 함.
조감	남	1530-1586	묘갈 (1665)	아들을 불러 유지를 전하며 '내 자식은 기록이 없어도 애비 말을 대강은 따를 놈'이라 함. 부녀자들이 울자 "죽고 사는 게 천리이니 슬퍼할 것 없다. 나는 이미 늙었는데 무슨 여한이 있겠느냐."고 달래고, 사위에게 "빨리 아무개를 불러 나의 상을 함께 치르도록 하라. 너의 아버님께 다시는 만나보지 못하겠다고 말씀 전하라."고 말을 마치자 부녀자들에게 나가라고 손짓한 뒤 임종함.
김흥우	남	1564-1594	묘지 (墓誌) (1675)	장자에게 "대과(大科)에 장원급제해 중외의 직을 두루 거쳐서 지금의 관직에 이르러 천양에 은혜가 미치게 한다면 아들을 두었다고 할 만할 것"이라 함.
윤두수	남	1533-1601	신도비 (1621)	아들들이 울면서 유언을 청하자, 집안일에 관한 말은 한마디도 없고 잠꼬대처럼 웅얼대는 말이 오직 나랏일에 관한 것임.
황정욱	남	1532-1607	신도비 (1644)	임종 무렵 왕에게 올리는 전문에서 "북으로 장안을 바라보니 다행히 천일의 광명이 가까우며, 맑은 위수가 동으로 흐르니 남산을 향한 연정을 더욱 쏟을 뿐이로다."고 함.
유성룡	남	1542-1607	묘전비 (墓前碑) (1824)	"예장(禮葬)을 하지 말고 다른 이에게 묘비 글을 청해다 새겨서 세우지 말라."고 경계의 말을 남김.

인물	성별	생몰연대	조성연대	임종 무렵의 언행
장경	남	1563-1609	신도비 (1691)	"나는 평생 동안 선한 사람을 내 친족처럼 좋아했고, 악한 사람은 원수처럼 미워했다. 후세 자손들은 내 말을 가슴속에 새겨 두어라."는 말을 남김.
권정기	남	1562-1611	묘갈 (1683)	자식들에게 "근래 풍수설은 묏자리를 새로 잡는 것을 효라 하나 내 생각은 다르니 꼭 선영에 묻어라. 구차하게 발인하고 장례 치름을 좋아하지 않으니 연줄로 관청의 힘을 빌리지 말라. 제사는 집안 형편에 맞게 지내고 남에게 구하지 마라." 하고, 서자들에게 "만물에는 각자 분수가 있으니 분수를 잊는다면 악이 될 것."이라 함.
홍이상	남	1549-1615	신도비 (1617)	약을 물리쳐 마시지 않으며 "죽고 사는 것은 명이 있는 것이니 이것을 먹는다고 어찌 도움이 되겠는가." 하였고, 임종 때 정신과 기운이 편안하여 친구와 이별하면서 "온전히 하여 죽으니 무슨 한이 있겠는가." 라고 함.
이욱	남	1558-1619	묘비명 (墓碑銘) (1633)	"곧 죽을 것인데 구구한 탕제로 효험을 보려 도모하는 것은 장부의 일이 아니다. 천시(天時)와 인사(人事)가 이같은데 살아 있어 무엇하겠나."며 약을 물리침. 조상제사일이 되자 숨 쉬기 힘들어하면서도 祭具를 검열하고, 편지를 써서 친구들과 영결하고, 며느리들에게 조상제사를 공경히 받들 것과 동기간 우애를 면려함.
성람	남	1556-1620	묘갈 (1642)	절명에 임하여 조금도 슬픈 기색이 없었고 침착하게 유서를 써서 자손을 훈계함.
심명세	남	1587-1632	신도비 (1634)	집안사람들이 둘러서서 눈물을 흘리자 제지하며 "죽고 사는 것은 이치상 당연한 일인데 뭐가 슬퍼서 우는가." 라고 함.
선우협	남	1588-1653	묘갈 (廟碣) (1713)	장례 준비를 모두 예문에 따라 할 것을 유언하고 부인들을 모두 나가게 함.
윤경지	남	1604-1659	묘갈 (1700)	아들에게 몸을 닦고 학문에 힘쓰라 하며 "사람에겐 세 가지 즐거움이 있는데, 나는 두 가지를 잃었으니 어찌 다시 살맛이 있겠느냐. 우러러 선대의 일을 잇지 못하고 곧 죽게 되었으니, 이것이 바로 나의 운명이구나." 한 뒤 임종함.
심동구	남	1594-1660	묘갈 (1739)	억울한 누명을 풀지 못한 채 임종할 즈음 아들에게 "너는 이미 관직에 들었으니 왕을 모실 때 반드시 충성을 다하여 참으로 왕을 감격시킨다면 왕의 마음을 돌릴 수 있을 것."이라며 오열함.
송시철	남	1610-1673	묘갈 (1679)	여러 아들에게 경계하기를, "우애 있고 공손함에 더욱 힘쓰고 논의를 너무 심하게 하지 마라."는 말을 남김.

인물	성별	생몰연대	조성연대	임종 무렵의 언행
이은상	남	1617-1678	신도비 (1715)	부녀들을 물리친 뒤 곡하지 말고 기다리라 하고, 남긴 문장을 사위 김만중(金萬重)에게 부탁함.
이정영	남	1616-1686	도비명 (1718)	자식들에게 "나는 생전에는 어머니의 얼굴을 뵙 지 못했으나, 죽어서 만약 알게 된다면 슬하로 가 서 모시는 것이 마땅하니 나를 어머니 산소 발치 에 묻어주면 좋겠다."고 함.
이태영	남	1612-1690	모표 (墓表) (1703)	자제들에게 무릎을 열어 보이며 "이 무릎은 한 번 도 더러운 곳에서 꿇어본 적이 없다."고 함.
이우	남	1637-1693	신도비 (1701)	풍수지리설에 혹하지 말 것을 당부하고, 아들에 게 "죽으면 예복을 쓰지 않을 수 없으니 흰 베로 만든 웃옷인 심의(深衣)로 염습해다오." 하였고, 집안 식구들과 하나하나 결별한 후 부인들을 나 가도록 하면서 "나는 바르게 마치고 싶다."는 말 과 함께 숨을 거둠.
이순악	남	1625-1701	묘갈 (1710)	목욕물과 새 자리와 새 옷을 준비시킴. 이전에 꿈 에서 친구와 수명을 논하며 77세가 기한이라고 말했던 바대로 됨.
한성우	남	1633-1710	신도비 (1746)	병중에 백여 마디를 구술해 자손에게 주고, 임종 때 임금이 편찮다는 말을 듣고 크게 걱정하며 애 태워 중얼중얼함이 꿈속에서 하는 말과 같음.
조태동	남	1649-1712	신도비 (1756)	편안하여 슬퍼하지 않고, 집안일은 한마디도 언 급하지 않은 채 오직 관직에서 물러나 쉬지 못했 다는 말로 시를 읊음.
이유	남	1645-1721	신도비 (1753)	임금의 승하로 병세가 악화되었으나 임종 순간 에도 나라를 걱정하는 내용뿐이었고, 자손들에게 "일찍 과거에 올라 옛 책들을 많이 읽지 못했고 사 우(師友)를 따라 지식을 넓히지도 못한 것이 내 평 생의 한이니 마땅히 이로써 경계하라."고 함.
조정만	남	1656-1739	신도비 (1741)	"죽고 사는 것은 밤과 낮 같으니 어떻게 잡을 수 가 있겠느냐." 하였고, 정신이 맑지 못한데도 한 자의 착오 없이 묵묵히 옛글을 생각함. 후사를 세 밀히 말하고 목욕재계한 다음 편안히 임종함.
정수기	남	1664-1743	묘갈 (1753)	정신이 흐리지 않았고 부녀를 물리친 다음 바르 게 임종함.
김상익	남	1721-1781	묘갈 (1804)	죽음을 두려워하는 기색 없이 "우리 성상께서 아 드님을 두신 경사를 보지 못하고 죽는 것이 눈을 감지 못할 정도로 아쉽다."고 함.
박명원	남	1725-1790	신도비 (1790)	"국은에 보답하지 못해 죽어도 눈을 감을 수가 없 다. 죽으면 국장을 하지 마라." 하고 사적인 일에 대해서는 언급하지 않음.

인물	성별	생몰연대	조성연대	임종 무렵의 언행
정민시	남	1745-1800	묘갈 (1826)	늦게 얻은 외아들에게 "네가 만약 행동이 가지런한 사람만 되어 준다면 나는 더 바라지 않겠다."고 경계의 말을 남김.

2. 유교적 죽음의 양상들

조선 시대 인물들의 임종 무렵 언행을 기록한 사례는 42건이다. 그 내용을 보면 일반적 성격의 유언과 더불어 유교사회의 덕목이 짙게 배어있음을 알 수 있다. 대부분 관직을 역임하며 안팎으로 유교적 이념 속에 살아온 이들이기에 불교 신앙심이 깊었던 고려 시대의 선비들과 다른 양상이 드러난다. 조선 시대의 기록에서는 임종 무렵에 특별한 행위를 하기보다 유언이나 독백 등의 말을 남긴 경우가 대부분을 차지한다. 중복되는 내용을 포함하여 몇 가지 유형으로 구분하여 살펴보면 다음과 같다.[38]

첫째, 나라와 임금에 대한 충의(忠義)를 유언으로 남긴 경우이다. 사례에서는 10여 명의 기록을 볼 수 있는데, 이들은 마지막 눈을 감는 순간까지 나라 걱정에 마음을 쏟았다. 한성우(韓聖佑)는 자신의 목숨이 경각에 달려 있는 상황임에도 임금이 편찮다는 말을 듣고 크게 걱정하며 애태워 중얼중얼하는 것이 꿈속에서 하는 말 같았고, 윤두수(尹斗壽)는 자녀들이 울면서 유언을 청했지만 한마디도 집안일에 관한 말은 없었고 잠꼬대처럼 웅얼대는 것이 오직 나랏일에 관한 것뿐이었다. 그런가 하면 아래 인용문처럼, 이유(李濡)는 임금의 건강이 악화되자 이를 근심하여 자신의 건강까지 해치게 되고, 임금이 세상을 떠나자 병세가 악화되면서 임종하는 순간까지 나라를 걱정하였다.

주상의 건강이 점점 악화되자 공은 밤낮으로 근심하여 날마다 기거주(起居注)들이 근무하는 반차에 나가 있느라 한서를 피하지 않아서 끝내 건강을 해치게 되었다. 경자년 6월 임금께서 승하하시자 공은 애통한 나머지 식음을 전폐하니 병세가 더욱 악화되어 이듬해 7월 29일에 작고하니 향년 77세였다. 임종할 때에는 곡진하게 타이르는 말을 하였는데 모두가 나라를 걱정하는 내용이었다.

김상익(金相翊)은 임종에 죽음을 두려워하는 기색 없이 다만 이르기를 "우리 성상께서 아드님을 두신 경사를 보지 못하고 죽는 것이 눈을 감지 못할 아쉬움"이라 하였다. 박명원(朴明源)은 임종 때 탄식하며 말하기를 "나라 은혜를 보답하지 못해 죽어도 눈을 감을 수가 없다."며 자신의 사적인 일에 대해서는 한마디도 언급이 없었고, 이현보(李賢輔) 또한 "국은을 후히 받아 죽어도 유감이 없다."고 하였다. 아들에게 남기는 유언에서도 유중영(柳仲郢)은 임종 때 우연히 아들에게 관직 임명의 고신(告身)이 온 것을 보았으나 기뻐하지 않고 "임금 섬기는 데 털끝만한 거짓이 있어서는 안 된다."고 훈계하였고, 누명을 풀지 못한 채 아들의 손을 잡고 임종한 심동구(沈東龜)는 "너는 이미 조정의 관직에 들었으니 왕을 모실 때 반드시 충성을 다하여, 참으로 왕을 감격시킬 수 있다면 왕의 마음을 돌릴 수 있을 것"이라 당부하였다.

임종하면서 왕에게 전문(箋文)을 남긴 이들의 경우를 보면, 노사신(盧思愼)은 그의 병이 깊어지자 승지를 보내 유언을 묻는 연산군에게 "신이 특별히 드릴 말씀은 없으나, 다만 경연에 부지런히 임하시고 형벌과 시상은 법도에 맞게 하시기를 바랄 뿐입니다."라고 하였다. 선조의 두터운 신임을 받았던 황정욱(黃廷彧)은 전문에 담기를 "북으로 장안을 바라보니 다행히 천일의 광명이 가까우며, 맑은 위수가 동으로 흐르니 남산을 향한 연정을 더욱 쏟을 뿐이로다."라고 하여 임금을 향한 충의를 표현하였다. '남산을 그리는 사모의 정이 물을 따라 흐른다(注終南之戀)'는 뜻으로 한양의 군주를 향한 마음을 담은 듯하다.

왕조시대의 군신 관계에서 신하는 임금에게 충의를 다하고 임금은 신하에게 신의로써 보답하는 것이 기본 구도였다. 조선 초기부터 예장(禮葬)의 법을 마련하여 나라에서 조정 신료들의 상장(喪葬)을 치러 주었듯이, 임금은 중신이 병에 걸렸을 때 미곡·약재를 보내고 의원과 신하를 파견해 병을 돌보고 위문하는 것이 일반적이었다.

이들은 평생 동안 직언으로, 때로는 감언으로 사군이충(事君以忠)하는 삶을 추구하며 살아왔기에 임종의 시간에도 임금과 나라를 위한 신념이 드러날 수밖에 없었던 것이다. 유중영의 비문을 쓴 노수신(盧守愼)은 임종 무렵에 나타난 그의 충의를 기록하면서 "나라에 충성하는 마음이 이에 더할 수 없다."고 했듯이 비문을 쓰는 이 또한 무덤 주인공의 이러한 삶을 부각시키고자 하였을 것이다.

둘째, 죽음을 초연하게 여한 없이 받아들이는 기개를 드러낸 경우이다. 이에 대해 구체적으로 기록한 12인의 자료를 중심으로 살펴보면, 홍이상(洪履祥)은 죽고 사는 것은 명이 있는 것이니 도움이 되지 않는다며 약을 물리치고 편안한 가운데 벗과 이별하면서 "온전히 하여 죽으니 무슨 한이 있겠는가."라고 하였다. 이욱(李郁) 또한 "곧 죽을 것인데 구구한 탕제로 효험을 보려고 도모하는 것은 장부의 일이 아니다. 천시(天時)와 인사(人事)가 이와 같은데 살아 있어 무엇하겠느냐." 하였고, 마침 제사가 있어 숨쉬기를 매우 힘들어하면서도 몸소 제구(祭具)를 검열하였으며, 미리 편지를 써서 친구들과 영결하였다.

조감(趙堪) · 심명세(沈命世) · 조정만(趙正萬)은 가족이 울며 슬퍼하자 죽고 사는 것이 당연한 천리이고 밤낮과 같은 것인데 슬퍼하지 말라고 달래는가 하면, 조감은 빨리 아무개를 불러 자신의 장례를 함께 치르도록 할 것을 당부하고, 조정만은 한 자의 착오 없이 묵묵히 옛글을 생각하기도 하였다. 심응(沈應)은 자신을 부축하게 하여 일어난 상태에서 아들들과 마지막 이별을 하고 다시 침소에 누워 임종하였고, 상진(尙震)은 너그러운 말로 가족을 진정시킨 까닭에 병시중을 들던 자가 위독한 것도 눈치채지 못한 채 임종에 이른 경우이다. 서경덕(徐敬德)은 한 문생이 "선생께서 오늘 의사(意思)가 어떠하십니까?" 하고 묻자 "사생(死生)의 이치를 안 지 이미 오래라서 의사가 편안하다."고 답하였다. 정경부인 함씨(咸氏) 또한 "내가 평생 동안 한 일 가운데 남에게 부끄러운 것은 없다. 나이 90을 바라보고 자손들도 많으니, 죽어도 여한이 없구나." 하였으며, 성람(成灠) · 조태동(趙泰東)은 임종에 임해 조금도 슬픈 기색이 없었고, 이순악(李舜岳) 등은 목욕재계하고 새 옷을 갈아 입으며 마지막을 준비하였다.

죽음에 의연하게 임하는 분위기는 이들만이 아니라 대부분의 사례에서 감지되어, 선비들의 이상적인 임종과 그것을 실천하려는 의지를 읽어 볼 수 있다. 이는 글을 쓴 이들이 덧붙인 내용에서도 잘 드러난다. 조감의 묘갈문을 쓴 성혼(成渾)은 "아! 군은 사생의 계제에 익숙하기도 이와 같았으니 인품이 높고 소견이 올바르지 아니하면 어떻게 이 일을 이룰 수가 있겠는가. 옛사람들이 이르기를, '도정절(陶靖節)은 죽음을 집에 돌아가듯이 여겼고 흉(凶)에 임하기를 길(吉)에 임하듯이 하였다.'고 했지만, 이것이 어찌 범부들이 억지로 사모한다 하여서 될 수 있는 일이겠는가!"라고 감탄하였다. 이우(李俁)

의 신도비문을 쓴 남구만(南九萬) 또한 "아! 사생(死生)은 참으로 큰일이다. 그러나 공께서 평일에 수양한 바를 볼 수 있음이 이와 같았다."고 감탄하였다.

셋째, 자신의 임종을 비롯하여 장례·제례의 법도에 대해 마지막 말을 남긴 경우이다. 먼저 임종 무렵에 많은 이들이 공통적으로 요구하는 것이 있는데 그것은 부녀자를 모두 나가 있도록 해달라는 것이다. 이러한 경향은 앞서 살펴본 바 있듯이 고려 말부터 등장하기 시작한 것으로 유교에서 죽음에 임하는 내외유별의 예법이다.

사례에서도 8인의 경우 임종 때 이러한 말을 남겼음을 기록하고 있다. 몇 가지 사례를 보면, 정원린(鄭元麟)은 부인에게 손짓하여 나가게 하며 남자는 부인의 손에서 죽어서는 안 된다고 하였고, 이우(李俁)는 부인들을 나가도록 하면서 "나는 바르게 마치고 싶다."는 말과 함께 숨을 거두었다. 정수기(鄭壽期)의 경우 또한 "부녀를 물리치고 바르게 임종하였다[揮退婦女正終]."고 기록하였다. 『주자가례(朱子家禮)』에 "남자는 부인의 손에서 죽지 않으며 부인은 남자의 손에서 죽지 않는다."[39]고 하였고, 『주자가례』를 우리 실정에 맞게 편술한 조선 후기의 『사례편람(四禮便覽)』에도 동일한 내용[40]이 등장한다. 남녀를 구분한 유교적 죽음을 바른 임종으로 여겨 조선 시대 내내 사대부가의 예법으로 전승하였던 것이다. 따라서 실제 기록으로 남기지 않았더라도 대부분의 사례에서 이를 지켰음을 짐작할 수 있다.

또 모든 예서(禮書)에는 숨이 끊어지고 나면 남녀 모두 곧 곡한다고 하였다. 이와 관련하여 이은상(李殷相)이 부녀를 물리친 뒤 "곡하지 말고 기다리라." 한 것은 숨이 끊어지기 전에는 울지 말라는 뜻으로 보인다. 상진(尙震)의 경우 "부녀자들이 시신 옆에서 호곡하는 것[號哭尸傍]은 군자가 죽음을 제대로 맞는 도리가 아니니 그런 일이 없도록 하라."는 유언을 남겼다. 따라서 숨이 멎으면 곡을 하되, 부녀자의 경우 임종 때와 마찬가지로 주검의 옆에서가 아니라 임종을 지키던 바깥 장소에서 곡하도록 한 의미로 해석된다. 이는 임종 후에도 얼마간은 이성(異性)의 접근이 허용되지 않았음을 뜻한다.

장례와 관련된 내용을 유언으로 남긴 경우는 9건이다. 대부분을 차지하는 것은 검소하게 할 것과 과장하지 말 것을 당부하는 내용이다. 이세정(李世貞)은 자신의 제사에 기름과 꿀을 쓰지 말며 염습 때 비단을 쓰지 말고 모든 일을 간소하게 하도록 당부하였고, 이현보(李賢輔) 또한 "초상을 검약하게 하고 장사는 시기를 넘기지 말라."고 하였다. 권정기(權正己)와 이우(李俁)는 풍수지리설에 현혹되지 말 것을 유언하였다. 특히 권정기는 묏자리를 새로 잡는 것을 효라 여기는 근래의 풍수설을 따르지 말고 선영에 묻을 것이며, 연줄로 관청의 힘을 빌리거나 하여 발인과 장례를 구차하게 치르지 말고, 제사는 남에게 구함 없이 집안 형편에 맞게 지내도록 장례와 제례 전반에 대해 검소할 것을 당부하였다. 이우 또한 풍수지리설에 혹하지 말 것을 당부하면서 "예복은 쓰지 않을 수 없으니 흰 베로 만든 심의(深衣)로 염습해 달라."고 하였다.

유성룡(柳成龍) 또한 예장(禮葬)을 하지 말고 다른 이에게 묘비 글을 청해 새겨서 세우지 말라는 경계의 말을 남기는가 하면, 박명원(朴明源)은 국장을 하지 말라고 유언하였다. 이 외에 여말선초의 인물인 권근(權近)은 "내 평생에 불교를 좋아하지 않았으니 불사를 일으키지 마라"고 못 박음으로써 혹시나 있을지 모르는 자신의 장례에 대한 후손들의 불교적 영향력을 배제시켰다. 선우협(鮮于浹)은 장례 준비를 모두 예문에 따라 하도록 하였고, 생전에 어머니의 얼굴을 보지 못한 이정영(李正英)은 죽어서라도 알게 된다면 슬하로 가서 모시는 것이 마땅하니 어머니 산소 발치에 자신을 묻어 달라는 인간적인 유언을 남겼다.

특히 고려 시대에 이어 조선 시대에도 좋은 묏자리를 찾기 위한 음택풍수가 성행하였고, 후기로 갈수록 가문의 위세를 드러내고자 묘비가 거대해지고 비문도 길어져 지배층의 상장제(喪葬制)가 사회문제화 되기도 하였다. 따라서 후손들이 유언을 따를 것인가에 대한 예측이나 실제 유언을 따랐는가의 여부와 무관하게, 많은 선비들은 이를 경계하는 유언을 남기며 상장을 검소하게 치를 것을 당부한 것이다.

넷째, 한 집안의 가장으로서 자식과 가족에게 남기는 일반적인 유언이다. 이러한 성격의 유언은 돌연사가 아니라면 대부분 하게 되지만 특별히 묘비명이나 묘지명에 기록할 필요를 느끼지 않은 경우가 많았을 것이다. 기록으로 남긴 경우 또한 평범한 내용이 주를 이루는 가운데 독특한 사례들도 있어, 진솔한 인간적 모습을 가장 잘 살펴볼 수 있는 유형이기도 하다. 사례에서는 11건 정도가 기록으로 남아 있다.

신권(愼權)은 자식들에게 신중히 하여 불선(不善)을 행하지 말도록 하였고, 정민시(鄭民始)는 늦게 얻은 외아들에게 "네가 행동이 가지런한 사람만 되어 준다면 나는 더 바라지 않겠다."는 유언을 남겼으며, 윤경지(尹敬之)는 아들에게 몸을 닦고 학문에 힘쓰라고 당부하였다. 장경(張烱) 또한 자신은 평생 선한 이를 친족처럼 좋아했고 악한 이를 원수처럼 미워했으니 후세 자손들이 이 말을 가슴에 새길 것을 당부하는 등 모두 자식이 바른 사람으로 장성하기를 바라는 마음을 전했다. 또 형제간의 우의를 강조한 내용으로는 "우애 있고 공손함에 더욱 힘쓰고 논의를 너무 심하게 하지 말라."고 아들들에게 경계의 말을 남긴 송시철(宋時喆)의 유언을 비롯하여, 특히 권정기(權正己)는 서자들에게 만물에는 각자 분수가 있으니 분수를 잊는다면 악이 될 것이라 하였고, 이욱(李郁)은 며느리들에게 동기간 우애와 조상제사를 공경히 받들 것을 면려하였다.

사후에 청백리로 뽑힌 이태영(李泰英)은 임종하면서 자제들에게 무릎을 열어 보이며 "이 무릎은 한 번도 더러운 곳에서 꿇어 본 적이 없다."고 떳떳한 삶을 드러내는가 하면, 30세에 세상을 떠난 김흥우(金興宇)는 어린 장자에게 '대과(大科)에 장원급제해 중외의 직을 두루 거쳐서 지금의 관직에 이르러 천양에 은혜가 미치게 한다면 아들을 두었다고 할 만할 것'이라며 아들의 성공을 바라는 마음을 솔직하게 드러내었다. 이유(李濡)의 경우는 자신이 일찍 과거에 올라 책을 많이 읽지 못하고 지식을 넓히지 못한 것이 평생의 한이니 이를 경계로 삼을 것을 당부하였다.

이처럼 자식이 훌륭한 사람으로 자라기를 바라는 마음은 모두 같을 것이나 바른 행동을 중요하게 당부한 이들이 많은 가운데, 높은 관직에 오르기를 바라는 솔직한 마음을 담기도 하였다. 또 부인을 여럿 두고 많은 자식을 거느렸던 당시에는 자식들의 우애가 무엇보다 중요했기에 이를 강조하면서, 특히 서자들에게 분수를 지킬 것을 당부하고 며느리들에게 동기간 우애를 당부하는 현실적 염려를 드러낸 경우도 있다. 청렴과 강직은 이상적인 선비의 모습이었기에 무릎을 열어 보임으로써 자식들에게 떳떳한 아버지의 삶을 각인시키는 등 다양한 언행 속에 자식을 위한 그들의 마음을 엿볼 수 있다.

이 밖에 자신의 죽음에 대해 예언한 경우들도 있다. 정경부인 함씨(咸氏)는 남편의 제사를 앞두고 자신도 같은 날 죽겠다고 말한 뒤, 제삿날이 되자 자주 제사 지내기를 마쳤는지 물어보다가 제사를 다 지냈다는 말을 듣자 임종하였고, 이계맹(李繼孟) 또한 임종할 날을 예측한 뒤 때가 되자 눈을 감았다. 책상 위의 책들을 모두 불태워 세상에 이름을 남기지 않고자 한 김용석(金用石) 등과 함께 평범하지 않은 죽음으로써 독특한 기개를 드러낸 사례들도 드물지 않다.

옛사람들이 추구한 임종과 생사관

고려 시대와 조선 시대의 묘비명·묘지명에 기록된 역사 속 인물들의 임종은 다양한 양상 속에서도 주목할 만한 경향성을 드러낸다. 시대별로 뚜렷하게 구분되는 성격이 발견되는가 하면, 시대를 관통하는 공통의 특성도 살펴볼 수 있다. 특히 사례의 주인공들이 모두 지배층이고 선비들이었던 만큼, 극명하게 달랐던 두 시대의 이념이 마지막 삶의 순간에 고스란히 드러나 있다는 점이 인상적이다. 이는 무덤의 주인공들이 평생 동안 추구해 온 가치관이기에 임종 무렵에 자연스레 표출되었을 뿐만 아니라 기록하는 자의 관점 또한 시대적 배경을 반영하고 있기 때문일 것이다.

앞에서는 고려 시대와 조선 시대의 임종 기록을 각각 유형별로 나누어 살펴봤다면, 여기서는 두 시대를 통합하는 가운데 공통점과 차이점에 주목해 보고자 한다. 먼저 시대를 관통하는 공통점을 살펴보면 크게 두 가지 특성이 드러난다.

첫째, 자신의 마지막을 주체적이고 경건하게 준비함으로써 존엄한 죽음을 맞고자 했다는 점이다. 임종 무렵은 심신이 극도로 쇠약하고 괴로운 상태이지만 무력하게 맞는 죽음이 아니라 스스로 죽음을 수용하고 준비하는 모습을 뚜렷하게 보여주고 있다. 임종을 하면 자연스레 습의(襲衣)가 따르게 됨을 알면서도, 많은 이들이 목욕 또는 세수를 하거나 손을 씻고 옷을 갈아입는 등 경건한 일에 임하는 자세를 취하였음을 살펴보았다. 이는 마치 제사를 지내기 전에 심신을 정갈하게 가다듬는 재계(齋戒)의 행위와 흡사하다.

뿐만 아니라 부축하게 하여 일어난 상태에서 가족과 이별하거나, 책상 위의 책을 불태우거나, 시간을 물어보는 등의 행위를 비롯해, 흐트러짐 없는 정신을 지키며 다양한 언행을 남긴 모든 경우가 이에 해당한다. 특히 염불·독경 등을 하는 가운데 눈을 감은 고려 시대 사람들의 불교적 임종 행위는 놀라운 것이었다. 이는 신앙심이 인간의 죽음을 존엄하고 평화롭게 지켜 줄 수 있음을 실증적인 역사 자료로써 보여주는 것이라 하겠다.

기록에서 살펴본 무덤의 주인공들은 대부분 연로하거나 병환 중에 임종하여 자신의 죽음을 예감했던 이들이다. 따라서 자신의 지나온 삶을 돌아보며 죽음에 대해 깊이 사색했을 것이고, 어떠한 죽음으로 떠날 것인가의 문제 또한 중요했을 것이다. 평소 글을 가까이하며 사색하는 삶이 허락되었던 지배층의 죽음이기에 더욱 그럴 법하다. 특히 자신을 일으키게 하여 앉은 채 죽음에 이른 수많은 이들의 좌탈(坐脫)은 이러한 죽음의 정점을 살펴보게 한다. 꼿꼿한 자세로 임종함으로써 자신의 죽음을 자재(自在)하게 다루는 것은 이에 대한 강력한 의지 없이는 불가능할 것이기 때문이다.

죽음을 내세를 위한 새로운 시작으로 받아들였든 현세와 이별하는 마지막 순간으로 받아들였든, 그들의 임종 장면에서 자신의 마지막 시간을 성찰하고 경건하게 맞고자 하는 것이 곧 존엄한 죽음의 일면임을 깨닫게 한다.

둘째, 죽음에 초연한 기개로써 생사일여의 임종을 추구했다는 점이다. 이는 첫 번째 특성과도 통하는 것이나, 전자가 경건한 준비에 초점이 맞추어졌다면 후자는 호방함과 여유를 엿볼 수 있다는 점에서 차별성을 지닌다.

따라서 특성으로는 구분되지만, 죽음을 준비할 수 있는 자라면 또한 초연한 죽음을 맞을 수 있어 함께하는 경우가 대부분이다.

그들은 자신의 죽음을 예감하며 슬퍼하는 가족들에게 죽음은 자연의 이치이자 밤낮과 같은 것임을 말하며 달래는가 하면, 약을 물리치고 편안한 가운데 자신의 죽음에 여한이 없음을 담담히 전하였다. "사생의 이치를 안 지 이미 오래라서 의사(意思)가 편안하다."는 말을 남기고 떠났듯이 죽음을 두려워하는 기색 없이 또렷한 정신으로 임하였으며, 마치 타인의 죽음처럼 자신이 임종할 시간을 예언하기도 하였다. 또 죽는 순간까지 자식에게 당부의 말을 남기고 집안 대소사를 지휘하듯 자신의 장례와 제례에 대해 찬찬히 일러준 이들이 대부분이다. 평소와 다름없이 염불하는 가운데 임종한 이들, 평시처럼 단정하게 앉아 죽음을 맞고자 했던 이들의 모습에서 죽음을 두려워하거나 슬퍼하는 기색은 찾아보기 힘들다.

무덤의 주인공들, 그리고 그를 추모하는 이들 모두가 추앙한 궁극적인 죽음은 삶에 연연하지 않는 의연한 죽음이었다. '개똥밭에 굴러도 이승'이라는 담론은 시대를 막론한 것이었겠지만, 슬퍼하고 애착을 드러내기보다 비범한 죽음을 택한 것이다. 묘문을 쓴 성혼(成渾)이 "죽음을 집에 돌아가듯이 여겼다."는 옛사람의 문구를 인용하며 생사에 초탈한 주인공의 인품에 감탄했듯이, 마치 언제든 떠날 마음의 준비를 해 온 것처럼 집에 돌아가듯 떠나는 모습을 보여주었다. 그것은 피할 수 없는 죽음임을 감지했기에, 그리고 군자의 도를 닦으며 살아왔기에 가능한 것이었고, 또 그러한 모습으로 남고 싶은 마음과 그렇게 기록하고 싶은 마음이 복합적으로 작용했을 것임을 짐작케 한다.

이처럼 시대와 무관한 공통의 생사관을 살펴볼 수 있는가 하면 시대별 특성 또한 뚜렷하게 드러난다. 이러한 특성은 상·제례의 제도적·관습적 영역은 물론 관념적 영역에 있어서까지 불교적 죽음과 유교적 죽음으로 대별된다고 요약할 수 있을 것이다. 몇 가지 양상을 중심으로 그 차이에 주목해보자.

첫째, 사찰 임종에서 정침 임종으로 임종 공간이 변화되었다는 점이다. 고려 시대 사례에서 성행했던 사찰 임종이 1250년대 이후 사라졌듯이, 임종부터 장례까지 절에서 치르던 지배층의 의례 공간이 고려 후기부터는 집으로 바뀌어갔다. 이처럼 '사찰에서 집으로' 임종 공간이 변화한 것은 의례제도에서부터 생사관에 이르기까지 불교적 죽음에서 유교적 죽음으로 전환된 것을 뜻한다.

고려 시대 사람들은 불보살의 가피를 받을 수 있는 공간에서 불공을 올리며 일상적으로 불자의 신행을 실천하는 가운데 임종하고자 하였다. 불교가 성행했던 당시의 지배층에서는 부처님의 품이라 할 수 있는 사찰에서 임종하는 것을 이상적인 죽음으로 여겼던 것이다. 목욕재계하고 염불하는 가운데 임종한 이들, 계를 받거나 승려들에게 공양을 올린 다음 임종한 이들은 독실한 불자의 전형적인 죽음을 보여주는 것이라 하겠다. 집에서 임종한 이들도 동일한 양상을 드러내고 있으며, 이들 또한 숨을 거둔 뒤 사찰로 옮겨 빈소를 차린 경우가 많다.

이에 비해 조선 시대 사람들에게는 정침(正寢)의 개념이 더욱 확고하게 자리 잡았다. 사찰 임종은 고려 후기부터 사라지고, 집이 아닌 곳에서 죽는 것을 객사라 하여 부정(不淨)한 죽음으로 여기게 된 것이다. 사찰 임종이라는 종교적 죽음이 사라졌을 때 집에서 맞는 임종이 가장 자연스럽고 이상적인 것은 당연한 일일 뿐만 아니라, 유교적 질서에 따르면 생사를 막론하고 시공간의 의미가 매우 중요하게 대두된다. 각종 예서에 등장하는 상례의 첫머리 또한 항상 "질병이 있으면 정침으로 옮겨 거처한다."는 것이었다.

이계맹(李繼孟)의 사례에도 "미리 임종할 날을 예측하고 때가 되자 아녀자를 물리치고 정침으로 나가고자 했으나 병으로 일어날 수 없어 몸을 끌어 자리를 피하다가 운명했다."고 기록되어 있다. 그런데 이때의 정침은 가장의 방이나 제사를 모시는 방으로 집안의 중심이 되는 공간을 말한다.[41] 따라서 정침 임종은 집안의 가장에게만 해당되는 것이고, 나머지 사람은 각기 거처하던 곳으로 옮겨 모시되, 북쪽 창 아래 머리를 동쪽으로 하여 눕힌다고 하였다.[42]

고려 시대의 경우 종교적 의미가 임종 공간의 가치를 규정했다면, 조선 시대는 가부장제의 위계적 질서가 그 자리를 대신하고 있는 셈이다. 그런데 종교적 이념은 한순간에 사라지는 것이 아니기에 조선 시대에 들어서면서 불교적 임종은 사찰 공간을 떠나 사적인 영역으로 스며들게 된다. 관혼상제는 유교의례로 대체되었지만 백성들은 물론 왕실과 유교 지배층에서도 여전히 불교를 의지하고 믿었다. 이에 사람이 죽으면 유교식 상례를 치르는 한편 천도재로써 망자의 영혼을 극락으로 보내고자 했듯이, 임종과 같이 사적으로 이루어지는 영역은 개인의 신앙에 따라 다양한 불교적 신행행위가 따랐음을 짐작할 수 있다.

둘째, 가부좌 임종에서 남녀유별 임종으로 바람직한 죽음의 양상이 바뀌었다는 점이다. '사찰에서 집으로' 바뀐 의례 공간이 제도적 변화를 나타낸다면, 이는 관습적 변화라 할 수 있다. 두 시대의 임종 양상을 통해 당대에 회자된 바람직한 임종 혹은 올바른 임종의 뚜렷한 차이를 살펴볼 수 있다.

앉은 자세로 임종하는 것이 반드시 불교적 죽음이라 할 수 없지만, 불교에서 추앙받아 온 높은 경지의 죽음으로 알려져 왔다. 이러한 좌탈은 당시 승려들의 묘지명에도 이른 시기부터 등장한다. 가부좌 임종을 기록한 10건의 사례는 불교 신자의 여부와 무관한 것이지만, 고려 시대의 선비들은 이러한 불교적 죽음을 평범한 죽음과 구분되는 추앙받는 죽음으로 여겼음을 알 수 있다.

이에 비해 조선 시대에는 남녀가 유별한 임종을 '바른 임종'으로 여겼다. 이러한 부부유별의 내외법은 남녀 간의 생활공간에서도 엄격한 구분을 두고 지켜졌다. 남자는 부인의 손에서, 부인은 남자의 손에서 죽지 않는 것에 대해 『주자가례』에서는 '군자는 살아 있을 때는 내외에 유별하고 죽을 때는 처음과 끝을 더럽히지 않고자 하기[欲始終之不黶] 때문'[43]이라 하였다. 살아 있을 때 내외 유별한 정법을 지켰듯이 죽는 순간에도 그것을 유지함으로써 오점을 남기지 않는다는 뜻으로 해석된다. 장유유서·남녀유별과 같은 예법은 단순한 생활 관습을 넘어서서 유교적 이념을 실천하는 도리였기에 대부분의 사례에서 절체절명의 순간에도 이를 되새겨 부인을 물리쳤던 것이다.

이처럼 고려 시대의 임종 모습이 개인의 편안한 왕생을 바라는 신앙인으로서의 죽음에 가깝다면, 조선 시대의 임종은 사회 명분을 중시하는 이념적 실천자로서의 죽음에 보다 가깝다. 사례에서 이러한 점이 더욱 두드러져 보이는 것은, 고려 시대의 경우 묘지명을 작성할 때 임종 무렵의 언행 가운데 종교적 죽음에 주목한 경향이 작용했으리라 판단된다. 마지막 순간에 보인 종교적 언행은 여타의 언행에 우선하여 기록대상이 되었을 것이기 때문이다. 이에 비해 조선 시대에는 나라에 대한 충의를 드러내며 임종한 사례가 많았듯이, 의연한 죽음으로써 수신(修身)의 모습을 보여주는가 하면, 가정을 다스리고 나라에 충성하는 이상적 선비의 모습이 고루 반영되어 있다. 고려 시대의 종교적 죽음과 같은 두드러진 특성이 사라졌기에 상대적으로 다양한 양상이 기록 대상이 되었을 것이다.

무덤 관련 기록, 그 한계를 넘어

무덤을 둘러싼 기록을 통해 역사 속 인물들이 자신의 죽음을 종교적 · 성찰적으로 맞았던 임종의 다양한 양상을 살펴볼 수 있었다. 이러한 기록은 죽음에 대한 개인의 관념에서부터 상 · 제례의 풍습에 이르기까지 광범위한 내용을 담고 있어 임종을 포함해 한국인의 죽음 연구에 중요한 사료들이라 할 수 있다.

아울러 이러한 무덤 관련 기록은 어디까지나 지배층의 죽음을 나타낸다는 한계가 있다. 무덤에 묘지명을 남기거나 비석을 세우고 비문을 새기는 일은 권세 있는 집안에서나 가능한 일이었기 때문이다. 따라서 그 속에 담긴 임종의 모습 또한 일반 백성들의 죽음과는 거리가 있을 것이다. 이는 전승되는 역사 자료의 근원적 한계이기에, 신분 · 빈부의 차이가 많은 것을 좌우했던 전통 시대 기층 민중의 임종 모습은 알 길이 없다.

그러나 구체적인 기록은 접할 수 없다 하더라도 다양한 삶의 맥락 속에서 그들의 생사관을 유추할 수 있으며, 지배층의 죽음에 반영된 관습과 바람직한 죽음에 대한 관념은 동시대인이 함께 공유했던 것이리라 짐작할 수 있다. 이를테면 사찰 임종이 성행했던 고려 시대에도 대부분의 백성들은 집에서 임종을 맞았다. 그렇지만 집에서 숨을 거둔 수많은 백성들 또한 불교를 신앙했기에 염불과 독경 등으로 불교적 죽음을 준비했음을 짐작할 수 있다.

뿐만 아니라 묘지명·묘비명은 기록물로서 지니는 태생적 한계가 있다. 죽은 이의 삶을 최대한 긍정적으로 기록하는 것이 그 본연의 취지여서 다소 간의 과장은 오히려 자연스럽게 여겨지고, 흔치는 않으나 거의 왜곡에 가까운 인물 미화가 행해지기도 하는 것이다.[44]

조선 시대의 묘지명을 분석한 자료에 따르면 그 내용은 대개 후손이 찬술한다고 하였다.[45] 직계 후손이 아닌 족인(族人)이 찬술한 경우도 있고 며느리의 지석을 시아버지가 찬술한 것, 죽은 아들의 지석을 아버지가 찬술한 것, 남편이 찬술한 것도 있으며 문인이 찬술한 지석도 의외로 많을 것이라 짐작하였다.

이처럼 묘지명은 아들을 비롯한 가족·친척이나 지인이 쓰는 경우가 많았다. 이 글에서 분석한 대상을 중심으로 살펴봤을 때는 고려 시대와 조선 시대를 합한 84건의 묘문 가운데 지인이 쓴 경우가 58건으로 대부분을 차지하며,[46] 아들이나 사위가 5건, 손주가 3건, 남편·오빠가 각 1건, 친척이 4건, 지은이를 알 수 없는 경우가 12건이다. 미상인 것은 지은이를 밝히지 않았거나 묘문이 깨어져 알 수 없는 경우들이다.

〈표3〉 표1·표2의 묘문 지은이

주인공과의 관계	고려 시대	조선 시대
아들·사위	4인	1인
손주		3인
친척		4인
남편[47]·오빠	2인	
지인	28인	30인
미상	10인	2인
합계	44인	40인

지인은 대개 주인공의 친구·제자이거나 아들·사위 등의 친구인 경우가 많고, 교류가 있는 당대의 문장가에게 부탁하는 경우도 있었다. 생전에 미리 자신의 묘문을 다른 인물에게 부탁해 놓는가 하면, 스스로 자신의 묘문을 직접 써 두기도 했다. 다산 정약용의 자찬 묘지명은 유명하며, 사례에서도 고려 시대 김훤(金暄)[48]의 묘지명은 생애의 대략을 스스로 써서 두 아들에게 남겨 주었고, 그것을 이어 이진(李瑱)이 보충한 것이다. 또 묘문의 내용은 탁본을 떠서 기록을 남기고, 지은이의 문집에 수록해 놓는 경우가 많았다.

아래는 각각 고려 시대 윤선좌(尹宣佐)의 묘지명을 쓴 이곡(李穀)과, 조선 시대 권정기(權正己)의 묘갈문을 쓴 윤증(尹拯)이 묘문을 쓰게 된 연유를 밝힌 글이다.

나와 같은 해에 과거에 급제한 윤택(尹澤)이 공의 행장을 가지고 와서 묘지명을 청하며 말하였다. "아, 공은 비록 고모부이나 은혜는 오히려 아버지와 같습니다. … 사람의 묘에 명을 지으려면 우리 공 같은 분이라야 가히 부끄러움이 없을 터인데, 오히려 묘지명이 없이 지금에 이르렀으니 한스러울 뿐입니다. 그대가 지어준 사람들의 묘지명이 많으나, 또한 우리 공과 같은 분이 일찍이 있었습니까?" 나는 사양할 말이 없어서 그렇다고만 말하고 명을 지었다.[49]

만송거사(萬松居士)는 공의 셋째 아들 지(誌)이다. 거사는 숨은 덕행이 높아서 문안하러 갈 때면 마치 난실(蘭室)에 들어가는 듯했다. 근래 공의 손자 회(恢)가 공의 묘에 비석을 세우게 되어 거사가 기록한 공의 유적을 보여주며 비문을 써 달라고 했다. 받아 보고 나서야 비로소 거사의 독실한 행실이 구해서

얻은 것이 아니라 집안의 내력이라는 것을 알게 되었다. 거사의 말에 거짓이 없음을 아는 나로서는 그대로 따라하는 데에 거리낌은 없지만, 다만 나의 학식이 얕고 문장이 비루해 거사와 어진 손자의 효심에 부합하지 못할까 부끄러울 뿐이다.

이처럼 묘문은 지은이가 있다 하더라도 주인공의 상세한 내력을 알 수 없으니 대략의 행장은 집안에서 적어 오게 된다. 특히 임종 무렵의 사적인 기록은 글을 쓴 이의 관점이 아니라 가족의 제보에 따르게 마련이어서 얼마간의 미화가 따랐을 여지도 크다.

그러나 이러한 한계에도 불구하고, 묘지명 주인공과 동시대를 산 사람들이 엄연히 생존한 가운데 죽은 이에 대한 지나친 왜곡이나 사실의 터무니없는 날조는 매우 어려웠다고 보는 것이 일반적이다.[50] 특히 묘문의 전후 내용을 살펴보면 임종 무렵의 언행은 주인공이 평소 행적이 투영되어 있어, 그들이 평생 동안 추구해 온 가치관이 임종 무렵에 자연스레 표출되었을 것이라는 점 또한 중요하게 다루어져야 할 것이다.

따라서 묘문이 긍정적 기록에 치우친 점에 주의하는 가운데, 임종 무렵의 언행과 유언 내용을 주인공의 삶의 궤적과 비교하여 살펴보거나, 사후에 후손들이 상·제례 등에 대한 유언을 그대로 행하였는지 등을 살피는 미시적 연구도 흥미로운 연구 대상이 될 만하다. 아울러 객관적인 기록이 많이 전해지는 근대 이후의 죽음, 그리고 근래의 죽음에서 임종 무렵의 언행과 생전의 삶을 연계하여 살피는 사례 연구들은 역사적 임종 연구와 맥락을 함께하는 가운데 중요한 시사점을 제공할 것이다.

제 4 장

존재의 영속성을 추구하는
죽음의례

영육이 분리된 의례 체계

1. 죽음의례의 단계

많은 문화권에서는 사람이 죽으면 체계적인 의례로써 죽음에 대처해 왔다. 죽음을 둘러싸고 진행되는 의례는 존재의 소멸이라는 불가항력의 운명을 합리적으로 받아들이고 해석하기 위한 문화적 장치라 할 수 있다. 죽음이 발생한 이후 남은 자들은 공적인 성격을 띤 의례 과정을 통해 체계적으로 죽음을 인식하고 경험하면서, 망자 역시 의례를 거침으로써 무사히 저승에 갈 수 있다고 믿었다. 의례를 치르지 않는다면 물리적으로 숨을 거두었더라도 사회적·관념적으로는 제대로 죽지 못한 존재가 되어, 죽은 자와 남은 자는 혼란에 빠질 수 있다고 여겼던 것이다.

따라서 대개 죽음과 관련된 의례는, 주검의 처리라는 물리적 처치와 함께 영혼을 제대로 떠나보내기 위한 장치를 포함한다. 한국 사회에서도 한 존재의 사망을 기점으로 전개되는 죽음의례는 상례(喪禮)의 테두리 속에서, 주검을 떠나보내는 장례(葬禮)와 영혼을 떠나보내는 탈상(脫喪)으로 죽음이라는 사건을 마무리해 왔다. 매장이나 화장으로 망자의 몸을 떠나보낸 뒤에도 죽음을 애도하고 근신하는 거상(居喪)의 기간을 둠으로써 남은 자의 도리를 지켰던 것이다. 아울러 몸은 떠났지만 영혼은 이 기간 동안 남은 자들과 함께 머문다는 영육(靈肉)이 분리된 세계관을 지니고 있어, 영적 존재를 대상으로 주기적인 의식을 치르는 가운데 상(喪)에서 벗어났다.[1]

이때 장례가 주검을 처리하기 위한 필수적 의례이자 공동체와 함께하는 공적(公的) 의례라면, 상례는 시대나 유족의 상황에 따라 달라지는 선택적 의례이자 집안을 중심으로 행해지는 개별적 의례에 속한다. 전통적으로 거상은 망자를 저승으로 안착시키기 위한 중요한 시간이었다. 곧 탈상을 할 때까지 상주는 사회적 삶과 단절된 채 복(服)을 갖추고 여러 가지 금기를 지키며 살아갔던 것이다.

그러나 거상 기간이 만2년→1년→100일로 점차 짧아지다가 근래에는 49일째 되는 날 탈상하는 경우, 삼우제(三虞祭)로 탈상하는 경우, 3일장으로 마무리하는 경우 등으로 다양하게 진행되고 있다. 이처럼 각자의 편리에 따라 거상 기간이 정해지다 보니 망자가 저승으로 안착하기 위해 필요한 시간 역시 점차 짧아지고, 거상과 일상의 차이가 모호해짐에 따라 탈상 개념 자체가 유명무실해져 가고 있다.[2] 부모의 죽음을 맞은 이들은 장례를 치른 후에 거상이라는 시간적·의례적 완충지대를 잃어버림으로써 불안하고 아쉬운 마음으로 일상과 맞닥뜨릴 수밖에 없게 된 것이다. 이렇듯 백일 탈상은 부담스럽고 3일·삼우제 탈상은 아쉬운 이들에게, 사찰에 의뢰하여 치르는 사십구재(四十九齋)가 간편한 탈상의례로 수용되는 현상 또한 살펴볼 수 있다.

탈상은 죽음이라는 사건을 둘러싼 의례적 종결을 의미하며 이와 함께 영혼은 저승으로, 유족은 일상으로 귀속된다. 영혼과 유족이 각자의 세계로 통합된 이후 망자는 유족의 일상 속에 추모의 대상으로 남아 후손들로부터 조상신으로 인식되기에 이른다. 따라서 상례의 끝은 후손들에 의해 망자가 조상으로 거듭나는 지점이고, 이후부터 망자는 제사로써 후손들과 지속적인 만남을 보장받는 것이다. 제사에서 만나는 조상은 초월성을 담보로 한 것이 아니라 마치 아이가 어른이 되는 것처럼 누구나 거쳐야 할 과정에 놓인 대상이어서, 제사는 통과의례의 연속선상에 놓인 평생의례적 성격을 지닌다.[3]

장례에서부터 제례에 이르기까지 죽음의례는 구체적인 내세관과 무관하게 이승을 떠나 무사히 저승으로 편입되기를 바라는 마음을 체계적으로 반영한다. 단지 공동체에서 공유하는 통과의례를 치름으로써 삶의 세계인 이승에서 죽음의 세계인 저승으로 보내는 것만이 아니라, 저승에서 다시 살아가기를 바라는 다양한 의례 요소들을 적극적으로 담는 것이다. 이는 망자를 보다 좋은 곳으로 보내고자 하는 막연한 기대에서부터 내세에 대한 종교적 믿음에 이르기까지, 임종이 곧 존재의 소멸이 아님을 믿고 싶은 인간 본연적 심성에 따른 것이기도 하다.

2. 이원적 존재와 이원적 세계

생물학적 인간은 사망과 함께 주검만 남게 되고, 매장·화장 등 각 문화권에 적합한 방식에 따라 주검을 처리하고 나면 개인의 존재는 완전히 소멸되었다고 보는 것이 합리적 인식이다. 그러나 생전의 인간이 물리적인 몸과 정신적인 작용으로 이루어진 존재였듯이, 죽은 뒤에도 몸과 분리된 영적 존재가 실재한다는 것이 보편적 인식이다. 살아 있다는 것은 영육(靈肉)

이 일치된 상태이고, 죽음이란 곧 영육의 분리를 뜻한다고 보는 것이다. 따라서 죽은 뒤에도 망자는 비가시적 존재로서 여전히 산 자들의 세계에 많은 영향을 미친다. 사후 존재는 세계관에 따라 이전의 인격적 주체가 계승된 존재로 보기도 하고, 단지 기운과 같은 것으로 보기도 한다. 그러나 생물학적으로 사망했더라도 모든 것이 소멸되지 않고 영적인 그 무엇이 존재함을 인정한다는 점에서는 다르지 않다.

유교적 합리주의에서 한 번 죽은 망자의 소생이란 있을 수 없고 사후세계 역시 존재하지 않는다. 사람이 죽으면 고복(皐復=초혼)으로 몸을 떠난 영혼을 부르고, 입관을 하고 나면 혼백(魂帛)을 만들어 영혼을 모시며, 묘를 만든 다음 영혼이 깃든 신주(神主)를 조성하는 것 등은 모두 기(氣)가 음양으로 흩어짐을 가시화한 것이다.

유교에서는 삶과 죽음이 기의 작용이라 본다. '사람이 죽으면 혼백(魂魄)이라 하고, 살아서는 정기(精氣)라 하며, 귀신(鬼神)은 천지 전반에 걸친 이름'이라는 주자의 언급은 유교의 생사관을 요약해 주는 것이다. 인간이 처음 생성될 때 이루어지는 것은 정(精)과 기(氣)이다. 음의 성질을 가진 정(精)은 형체적 존재기이고, 양의 성질을 가진 기(氣)는 유동적 생명기로 둘이 합하여 사람의 모습을 갖춘다. 이 단계는 일종의 식물인간 단계에 해당하며, 정기로 하여금 생동하고 생각하는 기능을 하게 해 주는 것이 바로 신(神)이다. 이때 정의 신을 백(魄)이라 하고 기의 신을 혼(魂)이라 하여, 사람이 죽으면 혼(魂)은 하늘로 올라가고 백(魄)은 땅으로 내려간다고 본다. 일단 흩어진 기는 그 개체와 아무런 동일성을 가지지 않아 생전의 인물과 동일성을 유지하는 항존적 귀신, 곧 영혼은 없다고 본다.[4] 이는 연기와 재에 비유될 수 있는데, 한번 죽은 사람의 생을 운운할 수 없는 것은 연기와 재가 합해져 다시 불이 될 수 없는 이치와 같다는 것이다.[5] 따라서 기가 흩어져 하늘로 올라간 혼(魂)은 일반적으로 말하는 인격적 주체의 동일성이 이어지는 영적 존재로서의 영혼(soul)과는 완전히 다른 개념임을 알 수 있다.[6]

그러나 유교에서는 죽음을 기(氣)의 흩어짐이라 보는 확고한 자연주의적 관점을 취하면서도, 이러한 인식 체계의 연장선상에서 '죽은 이후에 산 자와 상응하는 대상'이 가능함을 설명하고 있다. 곧 세상에는 기도하면 응하는 따위의 괴이한 귀신 현상이 존재하는데,[7] 이는 응취한 기가 흩어질 때 완급의 차이가 있기 때문으로, 예를 들어 원한에 맺혀 죽은 사람의 경우 일정 기간 동안 기가 흩어지지 않고 신(神)이 작용할 수 있다고 보았던 것이다.[8] 따라서 유가에서도 울분의 기가 극도로 발하여 요망한 것이 될 경우 해원을 통해 그 울분의 기를 풀어 주는 조치들이 있었다.[9] 조선 시대에는 제 명을 누리지 못하고 비명횡사한 귀신과 후손이 없어 제사를 받지 못하는 귀신을 무사귀신(無祀鬼神) 또는 여귀(厲鬼)라 하여 이들의 부정적 힘을 막기 위해 국가에서 여제(厲祭)·수륙재(水陸齋) 등을 지내 주었다.

이때 유학자들은 '귀신의 빌미'를 전제로 한 이들 의례에 대해 '백성들이 원하고 있으므로 일종의 심리적 치료를 위한 방편'[10]이라는 입장으로써 설명하였다. 특히 이와 관련하여 주자는, 기가 흩어져 없어지는 과정은 서서히 진행되는 것이지 즉시 다 흩어져 버리는 것이 아니기 때문에, 그 사이에 자손은 제사를 통해 기를 같이하는 조상과 감통(感通)할 수 있다고 보았다.[11] 어중간해 보이는 주자의 이러한 타협책은 죽음을 단지 기의 흩어짐으로 보는 자연주의적 입장이 제례의 존립근거를 해칠 염려를 최소화하는[12] 셈이다.

공자는 "귀신을 공경하되 멀리한다면 지혜라 말할 수 있다[敬鬼神而遠之 可謂

知죆]",[13] "사람을 잘 섬기지 못한다면 어떻게 귀신을 섬기겠는가? …삶을 모른다면 어떻게 죽음을 알겠는가?[未能事人 焉能事鬼 …未知生 焉知死]"[14]라고 하였다. 공자의 말은 초자연적 실체로서 귀신에 대한 부정도 긍정도 아니며, 다만 이를 삶 속으로 끌어들이는 것은 인간에게 아무런 도움이 되지 않음을 피력한 것이라 하겠다.

이처럼 혼백이든 영혼이든, 사후에도 존재하는 그 무엇을 설정한다는 것은 곧 영육의 이원적 존재를 인정하는 일에 가깝다. 아울러 사후 존재를 설정하는 순간 그가 머무는 곳은 곧 저승이 될 수밖에 없다. 저승은 이승과 대척 지점에 있으며, 구체적인 내세관과 무관하게 '죽으면 가는 곳'이라는 포괄적 의미를 지니고 있기 때문이다. 이러한 사고의 흐름은 지극히 자연스러운 것이기에, 내세나 사후 존재를 부정하는 유교에서도 죽음이 곧 삶과 단절되는 것이 아니라는 보편성을 공유하는 것이다. 유교의 합리적·자연주의적 관점이 실제 의례 양상이나 유학자들의 생각과 일치하지 않고 때로 모순되기도 하는 것은, 사후 존재의 영속성이 인간의 본연적 사고를 담고 있기 때문이다.

따라서 죽음의례의 전통은 유교적 규범을 따라왔지만 온전히 유교적인 것은 아니다. 유교의 의례 체계를 따르면서도 무속과 불교 등의 생사관을 담은 다양한 요소들이 축적된 채 전승되어 왔기 때문이다. 물론 사후에도 영속하는 존재나 세계를 인정하는 일이 반드시 죽음의 존엄성을 담보하는 것은 아니다. 다만 죽음이 모든 것과의 단절이 아니라고 보는 문화권에서는 이승과 저승, 산 자와 죽은 자에 대한 담론과 풍습이 풍부하고 이에 따라 생사관도 달라지게 마련이다. 이를테면 사후를 믿지 않는 문화권에서는 상대적으로 외적·규범적 도덕원리가 보다 발달할 것이고, 사후를 믿는 문화권에서는 내세에 대한 관념이 현세의 삶에까지 영향을 미치기도 할 것이다. 따라서 전통 죽음의례가 작동하는 원리를 실증적으로 파악하는 가운데, 몇 가지 의례 요소를 통해 존재의 영속성을 추구하는 양상을 살펴보고자 한다.

장례에 투영된 사후의 삶

1. 저승의 식량, 반함

전통 상례에서는 염습 때 반함(飯含)을 한다. '밥[飯]을 물린다[含]'는 말 그대로 고인의 입에 쌀과 동전·구슬 등을 넣는 풍습이다. 반함은 오늘날까지 전승되어 장례식장에서 행하는 염습에서도 이를 행하는 곳이 많다. 반함 풍습은 민간신앙에서 비롯된 것으로 여기기 쉬우나 실제 유교 상례의 예법에도 등장한다. 『주자가례』에는 반함에 대해 다음과 같이 기록되어 있다.

> 시종 한 사람이 숟가락을 꽂은 쌀 주발을 들고 따라가 시신의 서쪽에 놓는다. …멱건을 들고 숟가락으로 쌀을 조금 떠서 시신의 입 오른쪽을 채우고 아울러 동전 하나를 넣는다. 또 왼쪽과 가운데도 역시 그처럼 한다.[15]

이는 고대인들이 무덤에 쌀과 그릇을 넣어 저승에서 먹을 양식으로 삼게 하는 것과 다르지 않아 보인다. 이를테면 동옥저에서는 나무로 큰 곽(槨)을 만들어 가족 공용으로 뼈를 안치하는데, 질그릇 솥에다 쌀을 담아 죽은 사람의 수만큼 만든 목각 인형을 꽂아 두고 곽에 매달아 놓았다고 한다.[16] 죽은 이를 목상(木像)으로 새겨 놓는 것은 이들을 잊지 않고 기린다는 뜻으로 혈연 중심의 조상숭배 관념을 살펴볼 수 있다. 아울러 솥에 쌀을 담아 놓는 것은 저승에서 먹을 양식과 살림살이에 해당하여 사후에도 계속될 삶을 배려한 것이다.

『주자가례』의 보주(補註)에는 반함을 하는 이유와 세부 내용을 적어두었다. 먼저 반함을 하는 것에 대해서는 '차마 그 입이 비어 있게 하지 못하여 맛있고 깨끗한 물건으로 채우는 뜻'이라 하였다.[17] 또 『예기(禮記)』에 "수건을 뚫어 반함한다."는 기록을 인용하면서, 빈객이 시신을 싫어하고 더러워할 것을 염려하여 수건으로 얼굴을 덮고 입이 있는 곳을 뚫어 옥을 입에 넣게 하는 것이라 적었다. 아울러 대부(大夫)는 구슬을 사용하고 서인(庶人)은 돈을 쓰도록 했으나 선비와 서인 구분 없이 구슬을 쓰는 습속이 성행하여 이를 허용했다고 한다.

살아 있을 때라면 입으로 무언가를 먹겠지만, 고인의 텅 빈 입이 더욱 죽음의 생생함을 드러내는 듯하여 차마 비워 두지 못해 밥이나 구슬·동전 등으로 채운다는 것이다. 관 속에 쌀을 넣는 동옥저의 풍습보다 입속에 밥을 넣는 것이 더 직접적으로 사후 양식을 제공하는 행위이지만, 생사관의 차이로 인해 서로 다른 해석을 하는 셈이다. 그러나 이를 예서에 적힌 의미대로 받아들이는 사람은 그리 많지 않은 듯하다.

중국 박물관에 가면 흔히 옥으로 만든 매미를 보게 되는데, 이는 모두 고분 속 시신의 입속에 들어 있던 것들이다.[18] 매미는 허물을 벗고 다시 태어나는 곤충으로 망자의 부활을 기원할 때 대표적인 상징물로 쓰인다. 반함의 의미는 유교적 해석 이전에 이미 인간의 본연적 심성과 결합되어 있었던 것이다. 옥 또한 변하지 않는 보배로 영생을 상징한다. 무엇보다 허함을 메우기 위한 뜻이라면 입속에 돈을 넣는 것은 이해하기 힘들다. 밥은 본래 입에 들어가는 것이고 옥은 가장 귀한 것을 넣는다는 뜻임에 비해, 돈을 입에 넣는 경우는 저승 노자의 뜻이 아니고서는 매우 불경스러운 행위이기 때문이다.

이러한 반함 풍습은 왕실과 지배층에서부터 서민에 이르기까지 널리 행해졌다. 대표적인 사례로 1444년 세종이 초정약수에 거둥할 때 당시 무과 장원급제자이자 성삼문의 할아버지인 성달생(成達生)이 갑자기 사망하는 사건이 발생했다. 이에 급히 장례를 치르면서 소렴을 마쳤을 무렵 세종이 반함을 하였는지 물었다. 유사가 창졸간에 빠뜨렸다고 말하자, 이를 꾸짖으면서 쌀이 아닌 보패(寶貝)를 내어 입에 물리게 하였다는 것이다.[19] 이러한 사례들은 반함을 반드시 치러야 할 예로 여겼음을 보여준다.

조선 시대 실학자들을 중심으로 반함에 대한 비판도 있었다. 이익(李瀷)·홍대용(洪大容)·박지원(朴趾源) 등은 반함이 무용하고 의미 없는 것이라 일축하면서, 자신의 장례에서 반함을 하지 말 것을 유지로 남겼다. 특히 이익은 「반함설(飯含說)」이라는 글을 써서 오히려 시신에 대한 예가 아님을 설파하였다. 사람이 죽으면 얼마 가지 않아 경직되어 입을 벌릴 수 없기에 미리 숟가락을 물려 입을 벌려 두어야 한다는 점, 반함을 하고 나서도 이미 굳은 입이 다물어지지 않는다는 점, 입속의 곡물이 부패하여 시신을 불결하게 한다는 점 등을 들어 이에 반대한 것이다.[20] 홍대용은 특히 "중국에서 전래된 반함을 하지 말라."고 유언하였다. 이는 중국의 예법을 따르지 않겠다는 것이고, 나아가 중국의 예법을 겉으로 내세우며 위선적 행동을 일삼는 유학자들이 지키고자 한 패러다임을 거부하며 조선의 지배 이념에 저항한 것이라 보

기도 한다.[21]

박지원은 홍대용의 묘지명을 쓰면서 "웃고 노래하고 춤추고 소리쳐 마땅하리. 서자호(西子湖)에서 서로 만나매 그대가 자신을 부끄러워하지 않을 줄 알겠네. 입속에 반함을 하지 않은 건 보리 읊조린 유자(儒者)를 슬퍼함일세." 라고 적었다. 홍대용의 죽음에 대해 미리 떠난 벗들과 만날 수 있게 되어 춤추며 노래할 만큼 기쁜 일이라 한 것이다. 박지원 등의 실학자들은 반함과 같은 주술적 행위는 거부했지만, 이미 이승과 저승이 연계된 생사관을 자연스레 받아들이고 있었던 것이다.

민간에서는 반함의 쌀과 동전 등을 모두 저승에서 먹을 양식이요, 노자로 여긴 것은 물론이다. 따라서 반함을 할 때면 첫 술은 '백석이요' 하면서 입안 오른쪽에, 둘째 술은 '천석이요' 하면서 입안 왼쪽에, 마지막 셋째 술은 '만석이요' 하면서 가운데에 떠 넣기도 한다.[22] 이때 입에 떠 넣는 숟가락은 버드나무로 만든 것을 쓰는 것이 관례이다. 버드나무는 줄기찬 생명력을 지녀 재생을 상징하기 때문이다. 옛 풍습에 헤어질 때 버들가지를 꺾어 주는 것도 버드나무의 신속한 재생력처럼 곧 다시 만날 수 있기를 바라는 마음을 담고 있다. 따라서 저승에서 먹게 될 양식을 버드나무 숟가락으로 떠 넣음으로써 사후의 재생을 기약하는 것이다.

이처럼 반함에 대해 '차마 입을 비워 두지 못함'이라는 해석은 의례 현장에서 '저승길의 양식'이라는 의미로 작동하게 마련이다. 반함에서 주술적 의미를 걷어 내고자 했던 예서의 해석과 무관하게, 망자에게 저승 양식과 노자를 보태며 매미가 허물을 벗고 다시 태어나듯, 버드나무가 신속하게 다시 살아나듯 영생하는 삶을 얻어 부활하기를 기원하는 뜻이 담긴 것이라 하겠다.

반함과 함께 짝을 이루는 것은 노잣돈이다. 먼 길을 떠날 때면 도시락과 여행 경비가 필요하듯이 저승길에도 식량과 함께 노잣돈이 필수적인 것이라 여겼다. 따라서 입에 넣는 구슬이나 엽전, 관 속에 넣는 돈은 모두 망자의 저승길을 편하게 해 줄 경비이다. 상여가 나갈 때 상두꾼들이 "어찌갈꼬 어이갈꼬 산설고야 물선곳에 못갈다야 못갈다야 노자없어 못갈다야." 하며 갑자기 발길을 멈추면 상주가 노잣돈 봉투를 주고 절을 하여 다시 앞으로 나가듯이, 이들이 메기는 향두가(香頭歌) 속에도 망혼에게 필요한 노잣돈은 어김없이 등장한다. 염을 하는 이, 상여를 메는 이, 무덤 터를 다지는 이, 굿을 하는 이 등과 같이 망자를 위해 수고하는 이들에게 정규 금액 외에 성의를 표시하는 비용이 곧 망자에 대한 정서가 담긴 '노잣돈'이라는 명분을 통해 전달되는 것이다.

2. 이승과 저승을 매개하는 저승사자

저승사자는 이승과 저승을 오가며 연락을 담당하거나 사람이 죽으면 저승으로 데려가는 임무를 맡은 존재이다. 따라서 저승사자를 염두에 둔 풍습은 가장 적극적으로 사후 세계를 떠올리게 만드는 것 중 하나이기도 하다. 도교와 불교에서는 저승을 명부(冥府)라 하여 열 명의 시왕[十王]이 명부 세계를 다스린다고 보며, 저승사자는 시왕의 휘하에 있는 명부의 권속이다. 무가(巫歌)에서 저승사자의 모습과 이들이 지니고 있는 도구를 묘사한 대목을 살펴보자.

청창옷 젖처매고 쇠파랑이 숙여쓰고

팔뚝같은 우라사시 손에들고

배차여차 품에품고 청사슬 비껴차고[23]

저승사자의 복장을 보면, 푸른 색 관복에 패랭이를 쓴 것으로 보아 관졸의 모습을 표현한 듯하다. 그는 죄인을 잡아들일 때 필요한 도구들로 팔뚝처럼 굵은 오랏줄을 손에 들었고 청사슬을 허리에 찼다. 품에 품은 패자(牌子)는 명부에서 발부받은 일종의 체포 영장[24]이어서 영락없이 죄인을 잡아들이러 나온 형상이다. 누구든 기꺼이 죽으려 하는 자는 없기에 제 발로 저승을 가는 것이 아니라 저승에서 사자가 와서 데려가고, 또한 저승에 가기 싫어하며 버틸 것이기에 포승 도구들은 반항하는 이들을 잡아가기 위한 장치들인 셈이다.

따라서 전통 상례에서는 사람이 죽으면 초혼(招魂)으로 영혼을 부르고, 그래도 살아나지 않으면 사잣밥을 차린다. 어쩔 수 없이 죽음을 인정하면서 망자를 데리러 오는 저승사자를 대접하는 것이다. 저승사자는 주로 세 명이 무리 지어 다닌다고 여겨 대문 바깥에 차리는 상에는 밥 세 그릇과 동전 세 닢, 짚신 세 켤레를 놓는다. 반찬으로는 간장이나 날된장 등을 주는데, 이는 짠 것을 먹은 저승사자가 물을 마시기 위해 다시 돌아오거나 중간에서 자주 쉬게 되어 망자가 편히 갈 수 있도록 하기 위함이다.

사잣밥을 차린 뒤에 저승의 권속들을 위한 의식이 한 차례 더 따른다. 고인에게 수의를 입히고 소렴포(小殮布)로 감싼 다음 일곱 매듭으로 묶는데, 이때 매듭마다 한지로 만든 열두 개의 고깔을 끼워 둔다. 이는 망자가 저승길에서 열두 대문을 지날 때마다 문지기에게 씌워 주기 위함이다. 저승은 머나먼 길을 지나서 다시 열두 대문을 거쳐야 도달하는 곳이라 여겨 먹을거리와 노잣돈을 챙겨 망자를 떠나보내고자 하였고, 저승 문지기에게 쓸 뇌물도 빠뜨리지 않았던 것이다. 망자를 데려가는 저승사자에게도 밥과 노잣돈과 먼 길에 필요한 짚신을 챙기는가 하면, 짜디짠 반찬을 주어 쉬어가도록 함으로써 망자의 저승길이 편하기를 바라는 마음을 담았다.

무가의 「사자거리」에 보면 '저승길 열두 대문을 통과할 때마다 인정사정 쓰면서 망자님을 모시는데'라는 구절이 있다. 뇌물을 주는 것을 '인정을 쓴다'는 말로 표현한 것이다. 아래의 「회심곡(回心曲)」에서도 죽어서 저승길에 오른 이가 저승사자의 '인정 요구'에 시달리는 대목이 나온다.

> 여보시오 사자님네 이내말쌈 들어주오
> 시장하고 배고프니 점심이나 같이하고
> 신발이나 고쳐신고 쉬어가자 애걸하니
> 들은체도 아니하네 쇠뭉치로 등을치며
> 인정없이 몰아가서 저승문을 당도하니
> 우두나찰 마두나찰 소리치며 달려들어
> 인정달라 하는구나 인정쓸돈 한푼없네
> 저승으로 옮겨갈까 한전불러 가져올까
> 내복벗어 인정쓰며 열두대문 들어가니
> 무섭기도 끝이없고 두렵기도 한량없네[25]

모두 저승길에서 겪게 되는 일을 망자의 입장에서 읊은 것이다. 이처럼 저승사자는 배고프고 다리가 아프다고 하소연해도 들은 체도 않고 쇠몽둥이로 때리며 사정없이 몰고 가는 무서운 존재로 묘사되곤 한다. 뿐만 아니라 저승의 열두 대문에 들어설 때 여기저기서 인정을 달라고 위협하여 내복까지 벗어 주며 무섭고 두려운 마음이 한량없다고 하였다. 이에 노자든 고깔이든 지전(紙錢)이든, 때로 주검을 고정하기 위해 관 속에 넣는 옷가지까지 망자가 지니고 떠난 모든 것을 인정으로 사용하게 되는 것이다.

저승사자와 저승길을 이렇듯 험하고 무섭게 묘사한 것은 무슨 까닭일까? 여기에는 누구든 가기 싫어하는 곳이 저승이며, 절대 만나고 싶지 않은 존재가 저승사자라는 자연스러운 심사가 반영되어 있다. 아울러 「사자거리」에도 「회심곡」에도 이어지는 내용을 보면, 판관이 심판을 하면서 생전에 지은 선악을 하나하나 따져 보는 장면이 나온다. 이러한 권선징악의 메시지처럼 저승사자와 저승길의 엄정함을 강조하는 것에도 살아 있을 때 부모에게 효도하고 이웃을 돌보며 선업을 쌓도록 이끄는 뜻이 담겨 있을 것이다.

민간의 장례에 등장하는 저승사자는 이처럼 망자를 저승으로 데려가는 두려운 존재이다. 그런데 예수재(預修齋)·수륙재(水陸齋) 등의 불교의례에도 사자가 등장하지만 이들은 망자를 저승으로 데려가는 역할이 아니라, 명부 세계에 지상의 메시지를 전달하는 역할을 주로 맡는다. 시왕 등 명부 세계의 성중(聖衆)을 현실의 의례 공간에 모시기 위해서는 먼저 사자를 통해 초청장을 정식으로 전달해야 한다고 보는 것이다.

불교의례에서 주로 청하는 사자는 태어난 연월일시를 각각 다스리는 연직(年直)·월직(月直)·일직(日直)·시직(時直) 등 네 명의 사직사자(四直使者)이다. 예수재에서는 공양물을 차려 놓고 사직사자를 청할 때 「사자소(使者疏)」를 읊는데, 그 가운데 사자의 모습과 행동을 칭송하는 구절이 있다.

명부세계 문서들고 질풍처럼 다니시되

천둥처럼 오셨다가 번개처럼 가시도다

풍겨오는 모습이여 너무나도 당당하고

거룩하신 그힘이여 헤아리기 어려워라

받은명을 행하심에 때를넘지 않으시고

사사로움 없는바램 너무나도 깔끔해라

다만오직 바라오니 지극한덕 부찰이여

신묘자비 바라오니 광명으로 내리소서[26]

문서를 들고 이승과 명부 세계를 오가는 사자의 모습은 마치 질풍과 천둥 번개처럼 신속하고 당당하여 거룩하기 그지없다고 하였다. 명을 받으면 때를 넘기거나 사사로움 없이 깔끔하게 일을 처리한다고 묘사하였으니 사직사자야말로 관리의 최고 덕목을 지닌 셈이다.

사직사자에게 공양을 올리면서 법주 스님이 「행첩소(行牒疏)」를 염송하는데, 그 내용은 시왕을 비롯한 명부 세계의 성중에게 보내는 것이어서 일종의 초청장과 같은 성격을 지닌다. 내용을 보면, 의례를 열게 된 경위를 말한 뒤 모시고자 하는 모든 존재들을 일일이 거론하며 의례 공간에 와 주실 것을 청한다. 행첩소의 맨 앞은 '사바세계(娑婆世界) 남섬부주(南贍部洲) 해동대한(海東大韓)'으로 시작하여 예수재가 열리는 사찰의 주소를 밝히고, 맨 뒤에는 불기(佛紀)와 월일(月日)을 적음으로써 초청장에 빠질 수 없는 장소와 날짜를 명시한다.

이렇듯 민간에서도 불교에서도 이승과 저승을 오가는 사자를 설정하여 이들과 교류하고 응대하는 다양한 문화를 형성해 왔다. 저승과 초월적 세계에 대한 추구는 인간 보편의 심성을 담고 있는 것이기에 의례 속에 상징적 요소를 도입하여 저승사자를 가시화하는 것이다.

3. 사후의 이상적 집, 상여

발인을 하고 나면 고인의 몸을 상여(喪輿)에 모시고 장지로 향한다. 상여는 양택(陽宅)인 이승의 집에서 음택(陰宅)인 묘지로 가는 음양의 중간적 집[27]이자, 이승과 저승을 이어 주는 세계관적 구조물[28]이다. 이에 우리 조상들은 상여 모양을 양반의 거소를 본 딴 난간과 툇마루 형식 등을 갖추어 양택인 집처럼 만들었다.[29] 그런데 관혼상제의 각종 예법을 신분에 따라 차등을 두었던 조선 시대에도 반상(班常)의 구분이 없는 몇 가지가 있었다.

상복의 윗옷과 상여는 모두 차등이 없다[端衰喪車 皆無等].[30]

대여(大輿)를 사용하면 참으로 좋지만, 가난한 집에서는 쉽게 갖추기 힘드니 시중에서 일반적으로 쓰는 상여를 사용해도 무방하다.[31]

첫 번째 문장은 『예기』에 나오는 내용이다. 상주가 입는 상복 윗도리와 상여는 신분의 차이를 두지 않는다는 것이다. 원문에서 상차(喪車)는 곧 상여를 말한다. 이를 상주가 타는 수레로 보는 이도 있으나 역사 자료에는 일관되게 상여에 대한 표현으로 나온다. 두 번째 문장은 조선 후기에 이재(李縡)가 편찬한 『사례편람』에 나오는 내용이다. 상여는 신분에 구애됨 없이 대여(大輿)를 쓰는 것이 좋지만 형편에 따라 간소한 상여를 써도 좋다는 것이다. 대여가 있다면 소여(小興)도 있게 마련인데, 이때의 소여는 대여를 간단하게 만든 것을 말한다.

기본적으로 상례에는 신분의 차이를 두었으나, 이들 예서의 기록에서 알 수 있듯이 고인이 마지막으로 타고 가는 상여에는 귀천의 구분을 두지 않았던 것이다. 『예기』의 또 다른 내용을 보자.

> 선비의 상례 때 천자(天子)처럼 치를 수 있는 일이 세 가지 있다. 이는 밤새 뜰에 화톳불을 피우는 것, 사람들에게 상여를 끌게 하는 것, 도로를 전용해도 되는 것이 그것이다士喪 有與天子 同者三 其終夜燎 及乘人 專道而行.[32]

원문에서 승인(乘人)이란 '사람을 시켜 구거(柩車)를 끄는 것'을 말한다.[33] 구거 또한 상여의 다른 이름이다. 상여를 사용하는 데 신분 제한을 두지 않았을 뿐만 아니라, 일반 선비의 상여가 나갈 때 천자나 임금처럼 도로를 모두 사용해도 된다고 함으로써 상여와 장례 행렬에 특히 중요한 의미를 부여한 것이다.

상여를 타고 가는 장례 행렬은 외부에 노출되어 누구나 볼 수 있다. 이승의 집과 유사한 상여는 망자가 머무는 마지막 집이요, 무덤으로 향하는 길은 저승으로 떠나는 길이다. 저승길은 눈으로 볼 수 없기에 망자의 몸을 싣고 무덤으로 가는 길이 곧 가시적인 저승길로 여겨지게 마련이다. 따라서 서민이라 하더라도 만인이 보는 가운데 보내는 마지막 길은 고관대작처럼 떠날 수 있도록 한 것이다. 서민들로서는 살아생전에 가마를 탈 수 없었으나 죽어서는 가장 화려하게 치장한 가마를 탈 수 있었던 셈이다.

살아 있을 때 서민이 가마를 탈 수 있는 경우는 혼례에서이다. 이때도 2

인교나 4인교를 쓰지만, 상여는 20명 전후의 상두꾼이 메야 하는 큰 가마를 쓴다. 이렇듯 죽음의 의례를 가장 중요한 통과의례로 다루는 문화는 보편적인 것이어서, 생활이 궁핍한 흑인들도 장례 때만은 캐딜락을 타는 것이 관례로 되어 있다고 한다.[34] 상여를 쓰지 않게 된 근래 우리나라에서도 주검을 싣는 운구차는 캐딜락을 사용하고 있다.

가마의 위상은 전체 구성도 중요하지만, 몇 사람이 메는 가마인가 하는 점이 무엇보다 중요하다. 가마 가운데 최상 격의 것으로 임금이 타는 연(輦)을 꼽는다. 조선 시대의 행사 그림에서 어가 행렬을 흔히 볼 수 있는데 이때 임금의 연을 멘 인원은 20명이 되지 않는 경우가 많다. 가마를 메지 않고 호위하는 앞뒤 인원은 수백 명에 이르지만, 가마를 중심으로 보면 죽은 서민이 살아 있는 임금보다 더 많은 인원이 메는 가마를 타고 저승길을 떠날 수 있었다.

상여의 꾸밈 또한 화려하기 이를 데 없다. 그 구조는 이승의 집을 본 땄으나 갖가지 장식물과 문양에 담긴 상징성은 초월적·주술적 세계로 조성되어 있다. 상여의 세부 요소들을 들여다보면, 상여 자체는 물론 상여에 고인을 싣고 무덤까지 가는 길이 얼마나 중요한 것인지 새삼 깨닫게 된다. 상여의 정상에는 청룡과 황룡이 앞뒤로 서로 몸을 꼰 형상의 용마루를 세우고, 중심부인 운각(雲閣)에는 네 모서리마다 봉황을 조각하며, 몸통에는 귀면(鬼面)을 새긴다. 곳곳에 자리한 호랑이·주작과 함께 최고의 위상을 지닌 서수(瑞獸)들을 배치하여 망자는 마치 왕과 같은 호위를 받으며 길을 떠나게 된다.

상여의 맨 앞에는 무서운 형상의 방상씨(方相氏)가 앞장서고, 용마루 위에는 염라대왕을 비롯하여 저승사자·강림도령 등 명부 세계의 존재나, 사자를 탄 동방삭·신선 등을 세운다. 방상씨는 장례 행렬에서 악귀를 쫓는 역할을 하는 대표적 존재이다. 본래 역귀를 쫓아내는 의식에 등장하는 방상씨를 행렬의 맨 앞에 세워 망자의 저승길에 잡귀나 삿된 기운이 범접하지 못하도록 하는 것이다. 운각의 네 모서리를 장식한 봉황의 입에는 요령을 달아 움직일 때마다 소리가 울리도록 하였다. 이는 상두꾼들이 요령 소리가 들리지 않을 정도로 흔들림 없이 안전하게 상여를 운구하라는 바람이자, 요령의 맑은 소리로써 잡귀를 쫓는 뜻이 담겨 있다.[35] 명부 세계의 존재들도 마치 망자를 마중 나온 것처럼 용마루 위에 서서 함께 길을 떠나며, 삼천갑자를 살았다는 전설 속의 동방삭을 배치하여 저승에서 장수하기를 기원하였다.

그런가 하면 상여에 연꽃을 새기거나 지화로 만들어 장식하는 일을 빼놓지 않는다. 따라서 장례 당일 사용하고 태우는 일회용 상여는 주로 꽃으로 장식하여 '꽃상여'라 불렀다. 연꽃은 밤이면 꽃잎을 오므렸다가 아침마다 활짝 피는 특성으로 인해 재생의 상징으로 여겨졌다. 따라서 심청전에서 심청이 연꽃에서 부활하듯 망자의 영혼도 저승에서 새롭게 태어나기를 바랐던 것이다. 상여에 간혹 병아리가 등장하는 것도 모두 죽음이 새로운 탄생임을 믿고 싶은 마음에서 비롯되었다.

특히 상여의 난간과 용마루 등에 나무로 여러 유형의 인간을 만들어 세우는 데 주목해 볼 수 있다. 이들 나무 인형을 꼭두라 하는데 목인(木人)·우인(偶人)·목우(木偶) 등으로도 부른다. 용·봉황·호랑이·방상씨 등이 저마다의 상징성으로 망자의 벽사기복을 위한 역할을 한다면, 인간의 모습을 한 꼭두는 보다 실제적 역할을 맡는다. 이들이 인간의 모습을 하고 있는 데서도 알 수 있듯이, 꼭두는 이승에서 귀인에게 여러 시종과 보살피는 이들이 필요한 것처럼 저승에서 망자를 받들어 줄 존재들인 것이다. 상여의 꼭두 모습을 살펴보면 이들이 맡은 바 임무를 다양하게 유추해 볼 수 있다.

첫째는 안내 역할을 맡은 꼭두이다. 이들은 망자의 길을 안내해 주는 존 재들로 대개 상여의 앞쪽에 위치한다. 용과 봉황, 초인간적 존재와 함께하 는 경우가 많고 역동적 분위기를 발산한다. 둘째는 호위 역할의 꼭두이다. 망자가 잡귀나 삿된 기운의 침입을 받지 않도록 지켜 주는 존재로, 무기를 들고 있거나 위협적 표정을 하고 있다. 시대의 영향을 반영하여 일제강점 기에는 경찰의 모습으로, 광복 후에는 총을 든 군인의 모습으로 표현되기도 했다. 셋째는 시중 역할의 꼭두이다. 망자에게 생시처럼 시중을 드는 이들 로, 대부분 상여의 후미에서 뒤따르는 모습으로 표현된다. 시중 역할에 맞 는 정적인 모습을 하고 있으며 여성의 형상인 경우가 많다. 넷째는 흥겨움 의 역할을 맡은 꼭두이다. 망자의 이동은 불안을 함축하며 이별은 슬픔의 정조를 지닌다. 이러한 불안과 슬픔을 극복하고자 분위기 전환의 기능을 담당하는 것이다. 이들은 주로 악기를 연주하고 춤을 추거나, 거꾸로 서서 연희를 하는 등 재인(才人)들의 모습을 하고 있다.[36]

이처럼 상여에 깃들어 있는 다양한 존재와 상징물들은 모두 망자의 영혼 을 순조롭게 저승으로 보내기 위한 것이요, 또한 망자가 저승에서 평안히 영생하기를 기원하기 위함이다. 나쁜 기운을 물리칠 수 있는 안전장치를 마련하고, 오래도록 복된 삶을 누릴 수 있는 요소들을 갖추어 재생을 꿈꾸 는 바람들을 모두 상여에 담았던 것이다.

아울러 살아서는 신분이 어떠했든지 간에 죽어서 저승으로 갈 때는 이승 에서 가장 고귀한 존재처럼 만들어 보내려 한 데서 죽음과 관련된 숭고한 인간관을 엿볼 수 있다. 살아생전에 고생이 심했던 서민들을 죽음에 임했을 때만이라도 제대로 대접해 보내고자 하는 소박한 염원과 함께, 그것이 곧 슬픔을 이겨 내는 방법이기도 하였음을 짐작케 한다.[37] 상여에 담긴 상징성을 보노라면, 상여는 곧 망자가 저승에서 머물 이상적인 집이기도 함을 알 수 있다. 초월적 · 현실적 존재들의 보호와 시중을 받으며 고관대작이 머물 만한 가장 화려한 집이기에, 저승길의 상여에 투영된 세계는 곧 망자의 사후 세계에 대한 바람과 다르지 않기 때문이다.

4. 저승에 보내는 일상용품

상여가 망자의 일시적 집이라면, 무덤은 영원히 거주할 집이다. 망자의 영혼은 어둡고 답답한 땅속이 아니라 보다 좋은 곳으로 간다고 여겼지만, 무덤은 망자의 몸이 묻히는 실제적 안식처이기에 더없이 소중하게 여겼다. 또한 무덤에 함께 넣는 것은 저승에 가져가게 된다고 보아 다양한 부장품을 함께 묻었다.

고대 우리 민족의 장례풍습에 대해 기록한 중국의 자료를 보면, 생전의 삶이 사후에도 이어진다고 여겨 장례를 후하게 지낸 풍습을 공통적으로 살펴볼 수 있다. 부여와 고구려에서는 장례에 많은 경비를 들여 성대하게 지내고 귀한 물건을 무덤에 함께 넣는 후장(厚葬)이 성행하였다.[38] 특히 부여에서는 귀인의 장례 때 생전에 거느리던 사람을 함께 묻는 순장(殉葬) 풍습이 있었는데, 이는 중국 · 일본을 비롯해 대부분의 고대 문화에서 드러나는 현상이기도 하다. 동옥저에서는 무덤에 쌀을 담은 질그릇 솥을 매달아 놓았는가 하면,[39] 삼한에서는 큰 새의 깃털을 함께 묻어 하늘을 나는 새가 망자의 영혼을 저승으로 인도해 주기를 바라는 마음을 담았다.[40]

이처럼 무덤에서 출토된 부장품을 살펴보면 사후 생에 대한 기원으로 점철되어 있다. 그릇·장신구·사냥 도구 등 생활 속에서 필요한 온갖 물품을 함께 묻어 저승의 삶 또한 이승과 다르지 않게 이어지도록 하였다. 부장품의 모양이나 거기에 새긴 문양에 새나 말 등이 주로 등장하는 것도 이들 동물이 지상과 천상을 매개한다고 보았기 때문이다. 남녀의 결합이나 성기를 강조한 토우(土偶)도 흔히 발견되는데, 이는 죽음이 곧 새로운 탄생임을 나타내고자 생명의 잉태를 가능케 하는 성적 결합을 표현한 것이다. 대형 무덤에는 생전의 삶의 모습을 벽화로 그려 저승에서도 불편 없이 살게 하는 가 하면, 때로 신선과 이상향을 담아 보다 좋은 세계에서 살기를 바랐다.

　망자에게 필요한 물품은 관이나 무덤에 함께 넣어야만 보낼 수 있는 것이 아니라, 불에 태움으로써도 전달될 수 있다고 여겼다. 불에 태우는 행위는 '없앰'의 의미만이 아니라 '보냄'의 의미 또한 있기 때문이다. 없앰이 무화(無化)시키는 것이라면, 보냄은 '어디론가'의 의미가 있다. 불에 태우면 사라지지만, 없어진 것이 아니라 인간이 상정한 '그곳'으로 가는 것이라 여겼다. 보이지 않는 것은 보이지 않는 것끼리 연결되게 마련이다. 마을에서 동제(洞祭)가 끝나면 집집마다 소원을 적은 종이를 태워 날리는 소지(燒紙) 또한 마을신을 향한 간절한 기원이었다. 태워 사라지게 함으로써 다른 세계에 보낼 수 있고, 그곳과 소통할 수 있다고 여겼던 것이다.

　따라서 매장이나 화장으로써 망자의 몸을 떠나보낸 이들은 다시 망자의 옷가지들을 챙겨 한차례 태움의 의식을 치르곤 하였다. 이는 망자의 것을 정리하기 위해 행하는 태움과는 성격이 다르다. 다음은 화장을 하고 나서 며칠 지난 뒤에 인적이 드문 산속을 찾아 망자의 유품을 남몰래 태우고 돌아온 유족의 말이다.

…남편하고 상의를 해 가지고, 우리 애들하고 식구 네 명이, 입으시던 깨끗한 옷 한 벌 하고, 신발 한 켤레 하고, 저희 아주버님 소지품 하나씩 가지고…. 그것 태우느라고 참 고생이 많았어요. 저기 양수리 쪽에 아주 사람들이 잘 안 다니는 한적한 산속에, 좀 깨끗한 데 가서 태웠어요. 그래서 다 정리를 하고 내려왔거든요.[41]

여기서 '다 정리를 하고 내려왔다'는 유족의 말은 망자의 옷과 소지품을 없애는 차원의 정리가 아니라 망자가 저승에서 필요한 것을 함께 보내 주었다는 뜻이다. 이는 옷 한 벌과 소지품 하나씩만 태운 것에서도 알 수 있다.

특히 불교에서는 태움의 의식에 중요한 의미를 둔다. 불교에서 화장을 하는 것은 이승에 대한 집착과 미련을 모두 끊고 새 몸으로 태어나라는 뜻이다. 사후의 몸은 현세에서 잠시 빌려 입었던 헌 옷과 같다고 보면서, 옷이 낡으면 헌 옷을 벗고 새 옷으로 갈아입듯이 한 생이 다하면 새로운 내세를 맞이하기 위해 전생의 몸에서 벗어나야 한다는 것이다. 사십구재를 지내고 봉송 때 소대(燒臺)에서 망자의 옷 한 벌과 의식용품을 태우는 것도 같은 뜻이 있다. 망자를 위해 '구상화된 모든 물건을 불태워 다시 공(空)의 상태로 돌아간 것임을 상징하는' 종교적 행위이다.[42] 이때 읊는 염송 내용을 보면망자에게 재(齋)의 공덕을 통해 이승에 대한 애착을 끊었는지 묻는다.[43] 그리고 만약 아직까지 끊지 못했으면 다시 들으라고 하며 '육신을 떠나 보면 꿈속과 같고 세속의 욕심과 번뇌망상이 모두 공(空)'임을 일깨워 주는 것이다.

그런데 태움의 의식에 대한 유족의 정서는 이와 다른 차원에서 이루어진다. 불교적 관점에서 보면 생전의 삶과 물건에 대한 일체의 애착을 끊게 하고자 태우는 것이지만, 유족에게는 오히려 망자가 저승에서 필요한 것들을 챙겨 보내는 의미가 더욱 크기 때문이다. 이는 무덤 안에 껴묻거리를 함께 묻는 마음과 다르지 않다.

따라서 소대에서 태우는 것은 관욕(灌浴) 때 망자가 갈아입은 것으로 여기는 한 벌의 한복이지만, 이와 별개로 망자가 평소 가장 아끼고 좋아하던 옷을 가져와서 함께 태우기도 한다. 어떤 이들은 와이셔츠와 넥타이·손수건까지 외출에 필요한 의복 일습을 챙겨 보내기도 하고, 저승에서도 장수하라고 흰 실타래를 태우기도 한다. 유족 스스로 의미를 부여하며 망자의 세계로 함께 보내기 위해 특별히 태울 것을 가져오기도 하는 것이다.

> 스님이, 너무 많이 태우면 (망자가 저승에) 가져가시기 무겁기 때문에 입으시던 한복 한 벌만 가지고 오라고 해서 ○○ 결혼식 때 입었던 한복을 가져온 거래요.[44]

어느 사십구재에서 승려는 유족에게 '망자가 가져가는 데 무겁지 않도록' 소대에서 태울 한복은 한 벌만 가져오라고 하였다. 승려 역시 의례를 통해 신도들과 만나는 가운데 방편적 설명에 더욱 익숙하여, 교리적 의미에 충실하기보다는 민간의 심성에 적절한 형태로 맞추는 것이다.

산 자들이 인식하는 저승의 삶은 현세에서 보고 느끼는 것과 동일하게 유추될 수밖에 없다. 따라서 옷은 물론 노잣돈과 이런저런 일용품도 필요하다고 보았다. 이러한 물품은 무덤 속에 넣거나 태움으로써 보내줄 수 있다고 여겼고, 특정 종교의 교리적 의미와 무관하게 인간 보편의 마음을 반영하는 것이 우선되었다.

축제와 놀이의 이별 의식

1. 풍악을 울리며 떠나보내다

고래로 슬프고 애달픈 죽음의례의 한편에는 축제적 몸짓이 있었다. 중국의 고대 문헌에 따르면, 고구려인들은 사람이 죽으면 초종(初終)엔 슬피 울지만 장례를 치를 때는 북 치고 춤추며 노래를 부르는 가운데 떠나보낸다고 하였다.[45] 무덤으로 가는 장례 행렬의 축제적 양상을 묘사한 것이다. 그런데 조선 시대에도 이러한 기록이 지속적으로 등장한다.

> 장사 지내는 날에 향도(香徒)들을 많이 모아서 술을 준비하고 풍악 베풀기를 평일과 다름없이 하니, 어찌 유속(遺俗)이 아직까지 없어지지 아니하였는가. 아, 사람은 진실로 각기 상도(常道)를 지키는 천성이 있으니, 누가 부모를 사랑하지 않으랴만 오래도록 습속에 젖어 이를 생각하지 못하는 것뿐이다. 집집마다 구습의 오점을 훤히 알게 하여 인효(仁孝)의 풍속을 이루게 할 것이다.[46]

> 상의직장(尙衣直長) 송후석(宋後錫)이 …어버이의 상을 당한 자로서 상여 앞에 풍악을 크게 벌이니 이를 금단(禁斷)하게 하소서.[47]

> …무당과 경재인을 모아 아침부터 밤이 되기까지 굿을 하고, 새벽에 발인하여 갈 때에 북과 장구를 치며 피리와 저를 불어 상여 앞에서 인도하여 산까지 가니…[48]

이에 따르면 조선 시대 전 시기에 걸쳐 민간에서 행한 장례 풍습은 고구려와 다르지 않았음을 알 수 있다. 장례 때 사람들을 많이 모아 풍악을 크게 벌이고, 상여 앞에서 북과 장구를 치고 피리와 저를 부는 악사들이 장례 행렬을 이끌었던 것이다. 첫 번째 인용문은 세종이 예조에 내린 교지(敎旨)이고, 두 번째는 신하가 숙종에게 올린 상소문의 일부이다. 두 기록 모두 이러한 풍습이 바로잡아야 할 잘못된 것임을 지탄하고 있다. 특히 세종의 교지를 보면, 이는 예로부터 전해 오는 습속이기에 백성들이 구습에 젖어 생각 없이 일상적으로 행하는 일[常道]이라 하였다. 따라서 고구려의 기록을 염두에 둘 때 이러한 풍습은 신라와 고려 시대에도 이어졌을 가능성이 매우 높다.

세 번째는 조선 후기에 경남 남해로 귀양 간 유의양(柳義養)이 그곳의 풍습 등을 기록하여 1771년에 펴낸 『남해문견록(南海聞見錄)』의 내용이다. 그런데 조선 후기에 유의양이 묘사하였던 남해 지방에서는 지금도 상여가 나갈 때 꽹과리·북·장구·징 등을 두드리고, 수십 년 전에는 악사들이 상여 앞에서 대금을 불기도 하였다.[49] 불과 얼마 전까지만 해도 이러한 장례 행렬은 어느 지역에서나 낯설지 않은 풍경이었고, 지금도 마을사람들과 더불어 가정에서 치르는 장례에서는 여전히 볼 수 있다. 기록에 의하면 진도에서는 전통 장례를 치를 때 농악대가 풍물을 치며 상여 길을 선도하고 부녀들이 춤을 추면서 따랐으며, 전남 장흥에서도 기생들이 상여 앞에서 춤을 추는 가운데 노래와 춤이 어우러진 축제 형식의 장례 행렬을 이루었다고 한다.[50]

부모의 죽음에 풍악을 울리는 것이 유교적 예법에 맞지 않은 일이듯, 대부분 기성종교의 경우에도 경건하고 장엄한 분위기로 죽음의례를 치르게 마련이다. 그런데 기층민과 함께 성장해 온 무속은 물론이거니와, 불교에서도 망자를 보내는 시간을 비통하고 엄숙한 것으로만 여기지 않는다. 망자의 천도재(薦度齋)는 유교의 정숙형 제의와 달리, 많은 사람들이 참석한 가운데 범패(梵唄)와 작법(作法)이 어우러지는 축제적 분위기로 진행되어 왔다. 이는 불보살과 그 가르침을 찬양하는 큰 틀에서 행해지는 것이지만, 망자의 극락왕생을 기원하는 자리이기에 환희로운 축복의 시공간인 것은 지극히 자연스럽다. 따라서 천도재에서 펼쳐지는 춤과 노래는 장례 행렬의 축제성과 다르지 않다.

죽음을 통해 재생을 꿈꾸는 민간의 심성이 불교에서 제시하는 윤회와 만나면서 죽음의 의례는 더 이상 슬프고 무거운 것만으로 수용되지 않았던 것이다. 설사 지옥에 떨어졌다 하더라도 불보살의 보살핌 아래 끊임없는 상승의 가능성을 꿈꿀 수 있다. 죽음이 바람직한 내세와 연결된 것이라면 그에 따른 축복의 의례가 필요하며, 이러한 의례는 산 자들이 사별의 슬픔을 승화시키는 데 중요한 구실을 해 왔다. 뿐만 아니라 망자를 보내는 마지막 시간에 몸을 움츠리고 고개를 조아리는 행위만이 아니라, 자유로운 몸짓을 통해 억눌린 것을 풀어 내고자 하는 욕구를 충족시켜 준다.

이렇듯 무덤으로 향하는 길은 갖가지 장식물로 꾸민 상여에 악공들의 취타 연주가 함께하면서 마치 고관대작처럼 화려한 행렬을 이루었다. 상여에 등장하는 춤추는 꼭두들 또한 장례 행렬에 따르는 악공이요 광대이다. 실제 이러한 인원을 갖추지 못하더라도 인형으로나마 대신하게 함으로써 풍악을 울리는 가운데 떠나보내는 이상적 이별을 꿈꾸었던 것이다.

2. 규범과 금기에서 이탈하다

장례 행렬이 귀인의 행차처럼 풍악을 울리며 화려하게 떠나보내는 것이라면, 출상 전날 밤이면 공동체에서 내려오는 여러 예능을 선보이며 종합 축제의 장을 펼친다. 이러한 축제적 놀이는 어디까지나 호상(好喪)인 경우에 한하는 일이었음은 물론이다. 출상 전야의 놀이마당 또한 그 역사가 깊다.

> …인근 사람들을 널리 불러서 성악(聲樂)을 크게 베풀어 밤이 지나서야 파하며 이름 하여 오시(娛尸)라 하는데 이 때문에 파산하는 자가 많습니다.[51]

> 들으니, 본 도(道)의 민속에 어버이를 장사 지낼 때, 주식(酒食)을 많이 마련해 놓고 마을 사람들을 널리 모아 배우들의 온갖 잡희(雜戱)를 못하는 것 없이 한다고 한다.[52]

모두 15세기의 기록으로, 술과 음식을 많이 마련하고 사람들을 널리 불러 노래와 악기, 배우들의 잡희로 밤을 지내는 민간의 풍습을 적었다. 상여가 나가기 전날 밤에 마치 축제처럼 왁자지껄하게 펼쳐지는 풍경은 전국에 '빈 상여놀이'라는 이름으로 전승되어 왔다.

상여가 나가기 전날 밤이면, 다음날의 차질 없는 준비를 위해 상여를 메는 상두꾼들이 빈 상여를 메고 선소리와 뒷소리로 상여가를 부르며 발을 맞추는 예행연습을 한다. 그런데 실제는 예행연습만이 아니라, 축제적 놀이로 떠들썩한 의식을 연출하는 데 더 큰 목적이 있다. 발인 전날 밤은 주검이 집에 머무는 마지막 시간이자 문상을 어느 정도 마무리할 무렵이다. 따라서 유족은 가족을 잃은 슬픔과 손님치레에 지친 심신을 가누며 뒷전으로 물러나고, 상두꾼과 가까운 문상객이 밤을 함께 새면서 침울한 상가(喪家)를 흥겹게 바꾸는 것이다.

상두꾼들이 빈 상여를 메고 동네를 한 바퀴 돌아 상가로 돌아오면 여흥이 벌어지고, 엄숙한 상가에서 있을 수 없는 일들이 서슴없이 일어난다. 흥겨운 잔칫날처럼 춤과 노래와 놀이가 펼쳐지는가 하면, 빈 상여를 메고 운구 시늉을 하면서 망자의 사위를 상여에 태워 놀리기도 한다. 죽은 장인을 제쳐 두고 젊은 사위를 먼저 상여에 태워 노소상하의 관계를 뒤엎음으로써 희극적 불일치를 일으키려는 의도이다. 문상을 하며 곡을 하는 체하다가 농담·욕설을 하고 병신춤을 추며 상스러운 내용의 노래를 불러 상주를 당황시키거나 웃게 만든다. "이 집이 경사 났으니 한판 놀고 가자." "방 안에서 밥만 축내고 있던 당신 아버지가 죽었으니 얼마나 얼씨구절씨구 할 일이요."[53] 이처럼 망자의 아들과 며느리를 향해 불경스럽기 그지없는 사설을 읊으며 희롱을 벌이기도 한다.

이 놀이는 진도에서 '다시래기'라는 이름으로 전승되고 있다. 출상 전날 밤이면 마을 사람들이 상가 마당에 모여 밤늦도록 다시래기를 벌이는데, 몇 단계의 짜임새 있는 놀잇거리를 갖추고 있다. 아마도 초기에는 다양한 놀이판으로 전승되다가 점차 같은 내용끼리 묶어 하나의 민속놀이로 체계화된 듯하다.

그 내용을 보면,[54] 첫 번째는 '사당놀이'로 시작하여 농악을 울리며 신명을 돋운다. 점차 민요와 판소리 등 노래가 이어지고, 북과 장구의 가락에 맞추어 한바탕 춤을 춘다. 두 번째는 '사재놀이(사자놀이)'라는 촌극을 펼친다. 저승에서 도사자가 문서책을 펼쳐 보고 일직사자·월직사자를 불러, "아무데 사는 공방울이 자기 부모에게 불효하고, 남의 재물을 탐내고 행실이 고약하니 잡아 오라.”고 호령한다. 이에 사자들이 공방울을 찾아가 보니 부모에게 효도하고 행실이 착한지라 잡아갈 수 없었는데, 알고 보니 건넛마을의 다른 공방울임을 알게 된다. 그곳에 가니 마을 사람들이 이미 용서할 수 없는 죄를 지은 공방울을 잡아 멍석말이를 시키는 중이었고, 꼼짝없이 죽게 된 그가 신세타령을 부르는 가운데 사재놀이를 마친다.

세 번째 ‘상제놀이’에서는 사람들이 공방울네 집으로 몰려가 문상하는데, 가짜 상주가 절을 받지 않고 음식만 집어먹어 한바탕 소동이 벌어진다. 이어 가짜 상주는 진짜 상주에게, ‘흉년에 밥만 축내는 늙은이가 죽었으니 경사라는 장난말들을 한다. 네 번째는 ‘봉사놀이’로 봉사와 그의 마누라와 중이 등장하는 삼각관계의 내용이 펼쳐진다. 다섯 번째는 본격적인 ‘상여놀이’로, 빈 상여를 메고 선소리·뒷소리를 주고받으며 운구 과정을 흉내 낸다. 놀이가 끝나면 상주는 이들에게 술과 음식을 대접하여 다음 날 상여를 잘 메달라고 부탁한다.

특히 네 번째의 ‘봉사놀이’는 ‘거사·사당 놀이’라고도 하며 이때 거사(居士)는 봉사이고, 사당(寺黨)은 봉사 마누라이다. 이 놀이에서 사당은 남편을 속이고 중을 만나 임신을 하게 되는데, 그녀가 아기를 낳으면 거사와 중이 서로 자신의 아기라고 다툼을 한다. 삼각관계와 출산 과정에서 벌어지는 야단법석 속에 주고받는 사설과 몸짓 또한 지극히 원색적이다.

이러한 축제를 주체적으로 이끄는 것은 마을 사람들의 몫이다. 이들이 벌이는 몸짓이나 재담, 노래 등은 상가의 침울한 분위기를 일시에 흥겨운 놀이판으로 바꾸어 버린다. 뿐만 아니라 일상의 도덕률을 깨는 원색적이고 적나라한 사설들은 상주가 아무리 슬픈 감정에 휩싸여 있어도 웃음을 터뜨릴 수밖에 없도록 만든다. 조선 시대의 유학자들은 민간의 장례풍습을 기록하면서 일관되게 이러한 놀이의 부당성을 강하게 비판하고 엄금할 것을 강조하였다. '가슴을 치고 통곡해야 할 때에 남정네와 여인들이 뒤섞여 밤새도록 술을 마시면서 상례의 기강을 무너뜨림이 이렇게 심하니 인간의 마음을 가진 자로서 차마 듣지 못할 일'이라는 표현에서도 잘 드러난다.[55] 그러나 이는 유교 문화가 생성되기 전부터 자생적으로 형성된 민간의 죽음 극복 장치로, 유교적 도리와 엄숙주의만으로 설명할 수 없다.[56]

앞서 조선 시대 유의양이 남해의 장례 풍습을 기록한 내용 중에 "장사에 술과 고기, 풍류를 착실히 한 후에야 이웃 사람들이 '장사를 잘 지내니 그 상인(喪人)이 착하다.' 하고, 풍류와 주육이 착실하지 못하면 '장사를 잘못 지냈다' 하며 꾸지람이 많다."고 하였다.[57] 부모의 죽음을 대하는 유학자들의 태도와 달리, 민간에서 공유하는 '좋은 장례, 착한 상주'는 마치 잔치와 같은 왁자지껄함을 허용하는 데 있었던 것이다.

3. 왜 축제적 놀이인가

죽음의 문제를 축제적 분위기 속에서 풀어 나간 문화는 오랜 역사에 걸쳐 전승되어 왔으며, 죽음의례의 양상이 달라진 오늘날에도 이러한 맥락은 이어지고 있다. 작가 이청준은 장례의 장(場)에서 펼쳐지는 내용의 소설 제목을 『축제』라 이름 하였고, 이 소설은 1996년 임권택 감독에 의해 영화로 만들어졌다. 사람들은 왜 죽음을 이야기하는 자리에서 작품 제목을 『축제』라 했는지 고개를 갸우뚱하지만 영화가 진행되면서, 그리고 어머니를 무덤에 모시고 돌아와 가족사진을 찍다가 사진사의 농담에 웃음보를 터뜨리는 마지막 장면을 보면서, 이 작품의 메시지를 서서히 이해하게 된다.

그것은 우선 크고 작은 골을 안고 제각기 흩어져 살아가던 가족이 어머니의 죽음을 계기로 한데 모여 서로 충돌하고 떠들썩한 가운데 화합에 이르는 모습을 보여주고 있다는 점이다. 곧 죽은 자를 위한 의례 공간 역시 산 자들이 살아가는 자리임을 새삼 깨닫게 된다. 또 하나는 죽음을 이승의 끝이나 절망으로만 간주하지 않고 저승에서의 새로운 시작으로 받아들이며, 망자의 저승길을 즐겁게 해 주는 놀이적 장치를 의례 속에서 발견할 수 있다는 점이다. 영화에서 보여주는 이러한 메시지들은, 실제 전통 장례에서 엄숙하고 비통한 유교의례의 이면에서 죽음을 극복하고 일상으로 되돌아설 수 있는 근원적 힘으로 작용해 왔다.

앞서 장례 행렬과 출상 전야의 풍습에서 살펴본 것처럼 죽음을 염두에 둔 엄숙성과 삶의 와자지껄함을 연출하는 흥겨운 분위기가 공존하는 것은, 민간에서 죽음이라는 불가항력적 사건에 대처하는 일종의 자기방어이자 극복 방식이기도 하다. 이러한 현상은 우리 문화만이 아니라 여러 문화권에서 공통적으로 발견되면서 다양한 양상을 드러내고 있다. 죽음의례가 축제적 놀이의 성격을 띠는 데는 많은 뜻이 담겨 있을 터인데 이를 간추려 보면 다음과 같다.

첫째, 망자를 떠나보내는 환송회의 의미를 지닌다. 축제적 놀이는 출상 전날이나 장례 행렬처럼 망자와 이별하는 마지막 시점에 집중적으로 행해진다. 현실에서도 누군가 먼 길을 떠날 때 그 길이 오래 걸려 서운한 마음이 클수록 그를 아는 많은 이들이 모여 환송회를 성대히 열어 주게 마련이다. 망자가 저승으로 떠나는 것은 이승의 사람들과 영원한 이별을 뜻하기에 가족 간의 이별에 그치지 않고 망자와 함께했던 공동체의 모든 사람들과 이별하는 시간이기도 하다. 따라서 출상 전날 잔치를 벌여 비일상적 시간을 함께 공유하는 것이다. 또한 이것은 근원적으로 망자를 즐겁게 해주는 일이라 여겨 시신[尸]을 즐겁게 한다[娛]는 뜻에서 오시(娛尸)라 불렸다.

장례 행렬이 당일의 본 행사라면, 빈 상여놀이는 전야제에 해당한다. 어떤 행사든 전야제의 의미는 특별하다. 본 행사는 대개 낮에 치르는 것이어서 규범을 지키고 대외적 볼거리를 중시하게 되나, 전야제는 자유롭게 열린 축제로 치르게 마련이어서 주체들 스스로 신명풀이가 가능하다. 따라서 전야제에 해당하는 출상 전날은 일상의 규범을 깨뜨리고 가치를 뒤엎는 비일상의 흥청거림이 펼쳐질 수 있었다.

둘째, 죽음은 저승에서의 탄생이라 보는 생사관이 반영되어 있다. 죽음이 새롭게 태어나는 것이라면 슬퍼할 일만은 아니며 한편으로 축복의 의식 또한 따라야 한다. 이는 '다시래기'라는 말이 '다시나기'에서 왔다는 데서도 잘 드러난다. 다시래기에 등장하는 아기 낳는 장면 또한 단순한 놀이적 요소가 아니라 죽음과 탄생을 대비시키고자 함이다. 망자를 떠나보내는 자리에서 새 생명의 탄생을 보여주는 것이다. 죽은 자의 재생을 바라는 산 자들의 이러한 마음은 죽음이 발생하면서 일관되게 드러나는 몸짓이다.

또한 새로운 생명의 탄생은 성적 결합을 전제로 한다. 출상 전야의 놀이판에서 유독 성적 욕망을 강하게 환기시키는 것은 성이야말로 죽음을 극복하고 생명을 창조하는 실질적 행위라는 데 그 의미가 있다. 죽음은 생을 파괴하고 성은 생을 창조하므로 죽음을 부정할 수 있는 것은 오직 성이다.[58] 무덤 속에 남녀 결합이나 성기를 강조한 조각품이 들어 있듯이, 다시래기에서 사람이 죽은 집에 아기가 태어나게 함으로써 죽음의 결손을 극복하게 되는 것이다.

셋째, 유족을 슬픔에 깊이 빠지지 않게 하고 다시 현실로 돌려세우기 위한 장치이다. '상주를 웃겨야 문상을 잘하는 것'이라는 말이 있듯이, 놀이와 장난과 우스갯소리를 하며 슬픔과 절망으로 빠져드는 죽음의례를 삶의 신명으로 되돌려 놓는 뜻이 담겨 있다. 근래에도 발인 전날 가까운 친지들이 밤새워 화투를 치거나 떠들썩한 분위기를 연출하는 것도 같은 맥락이라 하겠다.

장례가 엄숙하고 침통한 분위기에서 거행되어야 하기 때문에 희극적 놀이와 노래가 필요하다는 역설이 성립된다. 외설적이고 노골적인 음담패설처럼 삶을 다루는 민요와 사설을 부르는 것은 장례가 죽음을 위한 것으로만 이해되지 않도록 하는 뜻도 담겨 있다.[59] 슬픔과 비통함이 깊어지면 심신이 상하기 쉽다. 따라서 살아 있는 사람을 살리는 생명력 충만한 의식 또한 필요하다. 경건하고 비통한 분위기로 치러지는 장례의 한편에서 이처럼 역설적 신명으로 웃음과 밝음을 선사함으로써 살아 있는 자들로 하여금 새롭게 딛고 일어서야 할 삶을 직시하게 만드는 것이다.

따라서 죽음의례에서 펼쳐지는 노래와 춤과 놀이는 죽은 자를 저승으로 잘 보내고 산 자들은 다시 일상으로 건강하게 돌아오게 하는 '풀이'이다. 이러한 풀이를 통해 죽은 자와 산 자 모두를 '슬픔과 절망의 죽음'을 넘어 '축복과 희망의 삶'으로 되돌려 놓는 생사관을 엿볼 수 있다.

삶 속에서 다시 만나기

1. 상례, 영혼과의 만남과 이별

사람이 죽으면 어떤 식으로든 몸을 떠나보내는 의식을 필수적으로 치러야 한다. 매장이나 화장으로써 죽음에 따른 실제적 의례는 일단락되게 마련이다. 그런데 장례를 마친 뒤부터 다시 길고 체계적인 의례가 본격적으로 시작된다. 사람이 죽으면 몸과 영혼이 함께 떠나는 것이 아니라 영혼은 이승에 더 머물다 떠나는 것이라 보기 때문이다. 따라서 지금까지의 장례가 몸을 위한 것이었다면, 상례는 몸과 분리된 영혼을 제대로 떠나보내기 위한 의례이다. 산 자들 또한 일상의 삶으로 돌아오기 위해 어느 정도의 시간과 의례적 장치가 절실하다.

출상 전날 전야제를 치르고, 상여 행렬로 저승길을 배웅하며 마지막 이별 의식을 마친 뒤, 죽은 자와 산 자의 새로운 만남이 시작된다. 이 만남은 탈상 때까지 이어진다. 유족이 상중(喪中)에 머무는 거상(居常)은 망자와 유족 모두에게 전이(轉移)의 기간에 해당한다. 망자에게는 이승도 저승도 아닌 곳에 머무는 기간이며, 유족에게는 부모를 잃은 자식의 도리를 지키고 슬픔과 충격을 이겨 내기 위해 일상의 삶과 분리되는 기간이다.

죽은 자와 산 자는 이 기간에 서로 특별한 연대를 이루며 살아간다. 거상 기간 동안 유족은 매일 아침저녁으로 망자에게 상식(上食)을 올리고 절을 하며 서로 교감하는 시간을 가진다. 또한 탈상 때까지 복(服)을 갖추고 부부 잠자리를 금하는 것은 물론, 고기와 술을 멀리하며 사회적 삶과 단절된 채 재계(齋戒)를 지키는 삶을 살아간다.

거상 기간은 시대에 따라 다르다. 고대 삼국에는 이미 유교식 상례가 들어와 백제와 고구려에서는 부모상에 자식들이 3년간 상복을 입고 삼년상을 치렀다.[60] 신라에서는 유교 상례를 도입하면서도 실제 생활을 반영해 지증왕 때 상복법(喪服法)을 제정하면서 부모·처자의 상을 모두 1년으로 하였다.[61] 그런데 고대사회에서는 장례를 지내는 것으로 탈상을 겸하기도 하였던 듯하다. 가능하면 주검을 오래 보관하면서 늦게 장례 지내고자 한 것을 부여에서는 '정상오월', 고구려에서는 '정상백일'과 같이 정장(停葬)이 아닌 정상(停喪)으로 표현하고 있기 때문이다. 따라서 이때의 5개월·100일은 모두 장례이자 상례였다. 『수서(隋書)』에 "고구려인들이 집안에 주검을 안치했다가 삼년이 지나면 길일을 택해 장례를 치른다[死者殯于屋內 經三年 擇日而葬]."[62]고 기록하여 삼년상 또한 주검과 함께한 것이었음을 알 수 있다. 이를 보면 고대로 갈수록 상징적인 신위(神位)보다는 존재의 실체인 주검으로써 망자의 몸과 영혼 모두를 떠올렸던 듯하다. 후대로 오면서 점차 다루기 힘든 주검은 일찍 장례를 치러 떠나보내고 신위로써 망자를 상징하면서 상례를 마무리하게 된 것이다.

고려 시대에는 제도적으로는 삼년상을 규정해 놓았으나 실제는 백일 등으로 탈상하거나 화장법의 영향으로 다양한 탈상 기간을 적용하였다. 조선 시대에 들어와 『주자가례』가 널리 보급된 18세기 무렵에는 민간에서도 삼년상인 대상(大祥)을 치렀다. 따라서 삼년상을 치르던 시절에는 만 2년 동안 산 자와 죽은 자의 이러한 만남이 지속되었던 셈이다.

1970년대의 자료에 따르면 이 무렵에도 삼년상의 형식을 빌려 탈상하는 이들이 많았던 듯하다. 이에 따르면, 먼저 졸곡제(卒哭祭)를 대신해 백일제를 지내면서 백 일째 되기 전날 저녁에 상식을 올리고 곡을 한 다음 이튿날 새벽에 제사를 모신다. 1주년이 되는 소상제와 2주년인 대상제도 마찬가지로 전날 상식을 올리고 이튿날 제사를 지낸 다음 상복과 건(巾)을 모두 불태워 탈상하며 영좌도 철폐하였다는 것이다.[63] 이는 매일 상식을 올리며 망자와 만나는 것이 아니라 특별한 시점마다 의례를 치른 경우에 속한다. 제사와 달리 상례는 다양한 양상으로 진행되었기에, 해당 날짜에 제사만 지냄으로써 탈상하는 경우도 있었던 것이다. 대상제를 올린 다음 영좌를 철폐하고 상복을 태웠다는 데서 알 수 있듯이, 어떤 방식이든 유족은 이 기간 동안 상중에 머물며 망자와 밀접하게 연계된 삶을 살았음은 분명하다.

대부분의 한국인들은 무속·불교 신자이더라도 유교 상례에 따르면서 각자의 종교적 방식으로 망자의 영혼을 떠나보냈다. 이를테면 불교적 관점에서는 망자의 영혼이 중음(中陰)에서 벗어나는 사십구재가 곧 탈상이지만, 사십구재를 지내고 나서도 규범적 생활의례로 정착되었던 유교식 상례는 계속되었던 것이다.

이에 비해 무속에서는 영혼이 저승으로 가는 시점을 특별히 정해 놓지 않는다. 본래 망자를 위한 넋굿은 임종 직후 무당이 신령에게 보고하는 잔부정, 관 앞에서 망자의 못 다한 말을 가족에게 전해 주는 관넋, 관이 놓인 자리를 정화시키는 자리걷이, 상가에서 생기는 상문살(喪門殺)을 제거하기 위해 굿당에서 행하는 사제삼성굿, 망자를 저승 세계로 보내는 넋굿, 탈상과 함께 행하는 탈상굿 등으로 체계화되어 있다.[64] 그러나 이처럼 순차적으로 굿을 하는 경우는 드물고, 일반적으로 말하는 넋굿은 장례를 치른 후 어느 시점에 행하는 굿을 뜻한다. 따라서 대개 죽은 지 1년 내외에 굿을 하지만 가족에게 별일이 없으면 연장되고 가족 중 탈이 나서 사령(死靈)에 의한 것이라 판단될 때는 빠른 기간 안에 행해지기도 한다.[65] 곧 넋굿은 죽음의 성격에 따라 의례 시기가 조절되거나 실행되지 않을 수도 있는 것이다.

> 상식(上食)은 가치가 있다고 생각합니다. 형식을 따질 게 아니라 평소 좋아
> 하시던 것 올려 놓고 아버지와 둘이 대화하는 시간을 갖는 시간이 의미가 있
> 다고 봐요. …제가 아버지를 다른 곳에, 집에다 좀 모시고 보관을 하고 있거
> 든요. 산골을 했는데, 유골을 다 뿌리지 않고 그 일부를 가지고 와서 집 어디
> 에다 올려 놓고…. 제 마음인데, 특별한 거는 없는데, 가끔씩 뭘 올리기도 하
> 고 좋아하시는 것 갖다놔야 하지 않을까 하는 그런 마음이 있죠.[66]

불교 신자이지만 영혼의 존재나 윤회의 실재를 믿지 않는다는 한 남성의
말이다. 그는 사십구재에는 회의적이지만, 아버지와 대화하는 상식(上食)은
가치 있는 것이라 보았다. 따라서 화장을 하고 나서 유골의 일부를 가져와
집에 모셔 놓고, 사십구일 간 망자가 좋아하는 것을 올리며 마음으로 만나
는 시간을 중요하게 여겼다. 초월적 세계의 믿음과 무관하게 망자와 교감
하고, 그러한 만남을 이어가는 가운데 떠나보냄으로써 스스로 의미 있는 탈
상을 한 셈이다.

실제 1970~1980년대까지만 해도 상청을 갖추고 백 일 동안 상식을 올리
는 백일탈상이 일반적이었다. 정부에서도 1969년 〈가정의례준칙〉을 제정
하여 졸곡·소상·대상까지 치렀던 전통 상례를 백일탈상으로 절충하면
서 전통과 현대를 잇는 과도기적 탈상 기간으로 삼았다. 이후 수차례 개정
을 거치면서도 상기(喪期)는 동일하게 백 일로 규정되어 있다. 그러나 오늘
날 백일탈상은 거의 지켜지지 못하고, 삼우제 또는 장례를 마치면서 일상으
로 돌아서는 경우가 대부분을 차지하게 되어 탈상의 의미가 없어졌다. 일

정 기간 거상을 지낸다 하더라도 사회 생활에 지장을 받지 않는 범위 내에서 근신하는 가운데, 상제(喪制)임을 나타내는 흰 리본을 착용하는 정도이다. 따라서 부모의 죽음을 맞은 이들은 장례를 치른 후에 거상이라는 시간적·의례적 완충지대를 잃어버림으로써 불안하고 아쉬운 마음으로 일상과 맞닥뜨릴 수밖에 없게 되었다.

이렇듯 백일탈상은 부담스럽고 장례만으로 일상으로 돌아서기 아쉬운 이들이 사찰에서 지내는 사십구재를 탈상의례로 삼는 경우가 늘어나고 있다. 특히 불교 신자가 아닌 이들, 선대(先代)에 사십구재를 치른 적이 없는 이들이 탈상을 위해 사찰을 찾고 있어 주목된다. 사십구재는 마지막 날에만 치르는 의례가 아니라 7일마다 일곱 번의 의례를 통해 완결됨으로써 49일간의 의례 기간은 일상과 뚜렷이 구별되는 성격을 띤다. 집에서 복(服)을 갖추거나 상식을 올리지 않는 현대인의 경우, 49일째 되는 날에만 의례를 치른다면 상대적으로 거상에 대한 인식이 희박할 수 있지만, 주기적으로 망자를 위한 재를 올림으로써 전 기간이 의례적 상황에 보다 가까워지기 때문이다.[67] 어느 승려는 "유족들이 한 재 한 재 지날 때마다 마음이 점점 차분하고 편해진다고 한다. 우리 스님들도 마찬가지이다. 그래서 마지막 재에서는 모두 빙그레 웃으면서 보낼 수 있다."고 하였다.[68] 의례를 통해 주기적으로 만나 교류함으로써 망자를 보다 좋은 곳으로 보내 주고, 유족 또한 조금씩 마음을 추스르며 일상으로 돌아올 수 있는 것이다.

망자의 영혼을 떠나보내는 상례의 의미는 어느 종교, 어느 문화권에나 있게 마련이다. 탈상을 하기까지 산 자와 죽은 자가 교류하며 보내는 시기에 대한 해석도 다양하다. 내세를 믿는 무속과 불교에서는 영혼이 이승과 저승의 중간단계에 머물다 내세로 들어서는 시기로 여긴 반면, 내세를 믿지 않는 유교에서는 부모와 자식 간에 기(氣)가 감통하는 시기라고 보았다. 그러나 이러한 구분은 실제 의례를 치르는 이들에게 무의미하다. 장례로 이별을 일단락하고 난 뒤 현실 속에서 다시 시작되는 새로운 만남은 자식 된 도리를 실천하는 시간이며, 의례의 끝은 망자가 좋은 곳으로 가는 시점이라 믿었기 때문이다.

2. 제사를 통한 주기적 만남

탈상은 죽음이라는 사건의 의례적 종결을 뜻하며 이와 함께 망자는 저승으로, 유족은 일상으로 귀속된다. 각자의 세계로 통합된 이후부터 망자는 어떤 식으로든 추모의 대상으로 남게 마련이다. 특히 우리나라와 같은 유교 문화권에서 저승에 통합된 영혼은 불멸의 존재가 되어 후손들로부터 조상신(祖上神)으로 인식되기에 이른다. 거상의 길고 짧음과 무관하게 상례의 끝은 후손들에 의해 망자가 조상으로 거듭나는 지점이고, 앞으로 제사로써 후손들과 지속적인 만남을 보장받게 되는 것이다. 망자가 세상을 떠난 날마다 치르는 기제사는 물론이고, 명절이 되거나 햇곡식이 나는 시절이면 계절 음식을 올리면서 명절 차례를 지낸다. 이는 살아 있을 때 집안 어른의 생일을 크게 치르고, 명절이면 문안을 드리는 것과 다르지 않다. 기리는 날이 생일(生日)에서 망일(亡日)로 바뀌었을 따름이다.

부모의 죽음은 슬픈 것이지만 이는 주로 상례에 한하는 것이었다. 제사는 죽은 자와 산 자가 다시 만나는 길한 것이고, 조상의 음덕을 받는 복된 의식이라 보았다. 상례는 흉례(凶禮)에 포함되지만 제례는 길례(吉禮)로 다루는 데서도 잘 알 수 있다. 뿐만 아니라 세 번의 우제(虞祭)를 지낸 뒤 수시로 하던 곡을 마치는 졸곡제(卒哭祭)를 고비로 상례 또한 흉례에서 길례로 조금씩 바뀌게 된다. 사후 1년이 지나면 소상(小祥), 2년이 지나면 대상(大祥)이라 하여 이때부터 상서로울 '상(祥)' 자가 등장하면서 길례로 더욱 가까워짐을 드러낸다.

사당(祠堂)이 있는 집에서는 이러한 만남이 보다 일상화되어 있다. 조상의 신주(神主)를 모시는 사당은 멀리 떨어진 곳이 아니라 반드시 집안에 지었다. 탈상과 함께 망자의 신주는 상청(喪廳)에서 조상을 모신 사당으로 옮겨지고 후손으로부터 제사를 받는 조상으로 자리하게 되는 것이다. 따라서 집안 행사가 있는 특별한 날은 물론 일상적으로 후손과 교류하게 된다. 이에 대해 마련해 놓은 조선 시대의 예법에 따르면[69] 기제사와 함께 사시제(四時祭)를 모시고,[70] 청명·한식·단오·중구일 등 세속의 명절에 계절 음식을 올리며, 정월과 동짓달에는 초하루와 보름에 참배하도록 하였다. 또한 집안의 대소사는 물론 벼슬을 받거나 지방 관직으로 나아갈 때, 자식을 낳거나 집을 옮겨갈 때와 같이 특별한 일이 있으면 이를 아뢰도록 하였다. 중요한 일을 자손에게 물리면서 아뢰는 서식의 일부를 살펴보자.

…○○는 나이가 들어 병으로 쇠잔하여 꿇어앉아 드리는 제전(祭奠)도 할 수 없습니다. 늙어서 물려 전한다는 옛 예법에 의거해서 집안의 일들을 아들에게 부탁하고자 합니다. 사당의 주제(主祭)를 고치는 일은 주자(朱子)도 행하기 어렵다고 하였기에, 지금 아무개를 시켜 모든 의식 절차를 받들어 행하도록 하겠습니다….

이처럼 조상에게 아뢰어야 할 시기와 그 방식에 이르기까지 상세한 예법을 마련해 놓았다. 뿐만 아니라 새벽마다 알현하고 나들이할 때도 반드시 고하도록 함으로써 일상생활에서 어른께 문안을 올리던 모습을 지속적으로 실천하도록 하였다. 죽은 다음에도 조상이 되어 생전에 거처하던 집에서 생전과 같은 방식으로 후손과 만나며 산 자들의 일상 속에서 함께하는 것이다. 영혼의 실재를 인정하는 무속과 불교에서도 이렇듯 망자를 생생하게 실감할 수 있는 기제를 찾아보기 힘들다.

사당이 지닌 일상 공간으로서의 의미를 중요하게 여겼기에 이황(李滉)은 부모가 돌아가시고 나서 무덤 옆에 움막을 짓고 시묘(侍墓)를 하는 풍습을 비판하였다. 그는 "장례를 마치고 반혼하는 뜻이, 망자가 평소 거처하던 곳에 그 혼백을 모심으로써 혼백이 떠돌지 않도록 하려는 것이다. 그런데 시묘살이 습속이 생기면서부터 이 예가 없어지고, 사람들은 망자가 거처하지도 않았던 삭막한 산중에서 혼백을 모시다가 3년이 지난 뒤에야 집으로 모셔 온다. 이는 체백(體魄)만 존중할 뿐 신혼(神魂)은 경시하는 일로서 예를 너무도 모르는 태도이다."라고 하였다.[71] 이때의 신혼과 체백은 곧 혼과 백을 말한다. 감각 작용을 담당하는 음의 기운 백(魄)을 체백(體魄), 마음 작용을 담당하는 양의 기운 혼(魂)을 신혼(神魂)이라고도 부르는 것이다.

이황이 말하고자 했던 핵심은 체백과 신혼의 문제가 아니라, 망자를 삭막한 산중에서 외롭게 떠돌도록 한다는 데 있다. 이러한 행위는 부모가 죽었다고 해서 가족 구성원으로서의 자격을 박탈하고 그 존재를 없었던 듯 지워버리려 하는 것이나 마찬가지여서 잔인하고 몰인정하다는 질책에 다름 아닌 것이다.[72]

사당은 망자가 생전에 살던 일상의 공간이요, 가족·후손과 평소처럼 만나는 공간이라는 점이 무엇보다 중요하다. "군자가 집을 지을 때는 먼저 정침(正寢)의 동쪽에 사당을 세운다."고 하였듯이, 그들에게 집이란 현실의 존재들이 살아가는 공간만이 아니라 죽은 조상들과 함께하는 곳이었다.[73]

그러나 눈에 보이지 않는 영혼이라 하더라도 사당에 거주하면서 영원히 후손과 함께 살아갈 수는 없다. 기제사의 대상이 되는 조상신은 인격신이자 개별 신으로 인식되었기에 함께 살아갈 수 있는 조상을 4대로 제한했던 것이다. 사당의 구조를 보면, 북쪽에 네 개의 감실(龕室)을 마련하여 신주를 남향하여 모시도록 하였다. 서쪽으로부터 첫째 감실에 고조를 모시고, 이어서 차례대로 증조·조부·부의 4대를 모신다. 이처럼 사당에 4대를 모시면서 제사를 지내도록 함으로써 서민층에 이르기까지 4대봉사가 일반화된 것이다.

제주(祭主)이자 최고 어른인 장남이 사망하면 사당에 모시는 신주의 세대가 바뀐다. 이전까지 4대 고손자에게 제사와 문안 인사를 받던 고조는 5대조가 되어 더 이상 산 자들과 만남을 지속할 수 없다. 따라서 세대가 지난 신주는 매장을 하게 되는데, 이는 사당에서 만나던 조상과 후손 간의 이별 의식이기도 하다. 나머지 삼대(三代)의 신주는 모두 세대가 하나씩 높아진다. 따라서 신주에 봉사자(奉祀者)와의 관계를 적어 놓은 부분을 고치게 되며 이를 개제(改題)라 한다. 신주는 두 개의 나무판을 합쳐 받침대에 세우는데 앞부분은 흰 분가루를 칠하여 그 위에 글씨를 쓰기 때문에 분면(粉面)이라 부른다. 『사례편람』에는 개제할 때의 방식에 대해 다음과 같이 적었다.

…물에 적신 수건으로 분면을 적신 다음, 대칼로 글자를 긁어 내고 먼지떨이로 분가루를 훑어 낸 다음 수건으로 닦는다. 나무칼로 긁어 매끄럽게 한 다

음 다시 분가루를 발라 마를 때까지 기다렸다가 글씨를 잘 쓰는 이에게 명하여 손을 씻고 서향하고 앉아 고쳐 쓰게 한다.[74]

제사를 지내는 주체가 한 세대 낮아졌기 때문에 부는 조부가 되고, 조부는 중조가 되며, 증조는 고조로 바뀐다. 아울러 봉사자의 망부(亡父)가 새로운 신주의 주인공이 되어 사당에 들어선다. 신참이 들어오면 맨 웃어른은 사당에서 물러나고 중간의 존재들은 한 단계씩 올라가는 것이다. 이렇듯 위계질서가 분명한 가운데 조상과 후손의 만남은 세대를 교체하며 이어진다. 이러한 이별을 거쳐 5대조부터는 개별 인격신이 아니라 조상신으로 통합되어 후손들과 다시 만난다. 신주가 땅에 묻히는 것은 곧 기제사의 대상에서 물러남을 뜻하고, 동시에 묘제(墓祭)의 대상이 됨을 뜻한다. 따라서 이 시기부터 망자는 윗대의 많은 조상들과 하나가 되어 후손과 영구히 이어지는 것이라 하겠다.

제사는 삶의 맥락이 달라진 오늘날에도 한국인에게 쉽게 포기할 수 없는 가치로 여겨지고 있으나, 모시는 대상을 축소·통합하거나 형제간에 제사를 나누어 모시는 등 점차 간소함과 편리를 위한 다양한 대안이 모색되고 있다. 불교 신자라 하더라도 가정에서 지내는 것이 관례였던 제사를, 사찰에 의뢰하는 경우가 늘어나는 추세이다. 사찰에서 지내는 제사는 독실한 불교 신자이거나 아들 또는 후손이 없는 경우가 주를 이루는 가운데, 점차 이와 무관하게 제사의 번거로움을 덜기 위한 방편으로 사찰에 의뢰하는 이들이 증가하고 있는 것이다. 특히 사찰에서 치르는 제사는 불보살의 가피가 더해짐으로써 조상도 후손도 더 큰 공덕을 받게 되리라 여겨졌다. 탈상을 위해 사찰에서 사십구재를 올렸듯 제사를 지내기 위해 사찰을 찾을 수 있는 것은, 불교에서 오랜 역사에 걸쳐 망자를 위한 재(齋)로써 조상제사를 치러 온 역사적 기반이 있었기 때문이기도 하다.

이와 관련하여 기일에 지내는 제사는 유교가 아니라 불교에서 먼저 시작되었다. 유교 기제사는 고려 말에 성리학과 『주자가례』가 들어오면서 왕실과 지배층을 중심으로 성행했으나, 기일에 지내는 불교식 제사는 고려 초기부터 행한 것이다.[75] 전통 시대에 가장 중요하게 여긴 조상제사는 기제사가 아니라 사시제(四時祭)였다. 사시제는 시제(時祭)라고도 하여 사계절의 가운데 달인 음력 2월·5월·8월·11월에 고조(高祖) 이하의 조상을 함께 모시는 합동 제사이다. 시제는 예로부터 중국을 비롯한 동아시아의 상류사회에서 제사의 으뜸이자 표상이라 여겨 축제처럼 치렀다. 기일은 슬픈 날이기 때문에 기제사는 원래 예서에 없었고, 다만 부모의 제사는 중요한 것이기에 따로 예제(禰祭)를 두어 만물이 성숙하는 9월에 치렀다. 그러다가 송나라 때 이르러서야 신중하고 극진한 슬픔의 예로써 지내는 기제사 관행이 시작되었던 것이다.[76]

이에 비해 불교에서 기일은 망자를 위한 종교의식을 치르기에 중요한 의미를 지닌 날이다. 사찰에서 치르는 제사는 망자의 위패를 모시고 음식과 절을 올리는 형식이 일반 제사와 같지만, 이를 재(齋)라 일컬으면서 망자를 보다 좋은 곳으로 보내는 천도(薦度)의 의미도 있다. 고조선부터 고려 말까지 통사를 다룬 조선 후기의 『동사강목(東史綱目)』에는, 1085년(선종 2) 고려 선종이 홍왕사(興王寺)에 행차한 기록에 유계(兪棨)의 다음과 같은 글을 첨부하였다.

고려 시대에는 무릇 선친의 기일이 돌아오면 대부분 절에서 천복(薦福)하였으니 매우 온당하지 못한 일이다. 더군다나 탈상례(脫喪禮)로 신주를 태묘(太廟)에 부(祔)하는 일은 반드시 지켜야 할 예절임에도 불구하고 마침내 유사(有司)에게 맡겨 놓고 자신은 몸소 불찰(佛刹)에 나아가 승려들과 뒤섞여 복을 빌었으니 잘못이 아니겠는가?[77]

"선친의 기일이 돌아오면 대부분 절에서 천복(薦福)하였다."는 표현에서 불교 기제사 풍습이 고려 사회에 만연해 있었음을 알 수 있다. 유교 제사는 이미 들어와 있었으나 봉사(奉祀)를 통한 유교적 종법 질서로 이어지지는 못하였던 것이다. 뿐만 아니라 기제사가 정착된 조선 시대에 들어와서도 유교 제사와 나란히 불교식 제사가 함께 행해졌다. 이는 불교의 내세관과 구원사상이 종교적 욕구를 충족시키는 데 여전히 유효하였기 때문이다. 유형원(柳馨遠)은 "부모 기일에 집에서 제사를 지내지 않고 절에 가서 재를 올리는 자가 있어 엄금해야 할 것이다."[78]라고 하였는가 하면, 정조는 즉위년(1776)에 "지역마다 원당(願堂)이 두루 퍼져 있어 사사로이 위패를 받들고 향사(享祀)하기에 이르러 그 폐해가 막심하다."는 보고를 받고 각 도의 사찰에 설치된 원당을 헐도록 하라는 명을 내리는[79] 등 끊임없는 상소와 탄압에도 사찰에서 올리는 조상제사는 조선 전 시기에 걸쳐 지속되었다.

당시 불교 제사를 지냈던 이들이 기일에 유교 제사를 지내지 않고 사찰 제사만 지냈다고 보기는 어렵다. 날짜를 달리하거나, 왕실에서 그러했듯이 사찰에 제주(祭主) 이외의 누군가를 보내어 치르게 하였을 것이다. 조선 시대에 민간에서는 물론, 유교 이념을 실천하며 살아가는 지배층에서도 불교 제사를 놓을 수 없었던 것은 두 의례의 기능이 뚜렷이 구분되기 때문이었다. 유교 제사는 마땅히 지내야 할 후손의 도리이고 불교 제사는 망자를 좋은 곳에 모시려는 종교적 목적을 지니면서, 현실적·관념적으로 조상과 연계되는 삶을 살았던 것이다.

3. 이승과 저승에서 영속하는 존재

우리 문화 속에서 죽음의례는 크게 세 가지 사상적 기반 위에서 치러져왔다. 민간신앙을 토대로 한 무속의 넋굿, 불교의 천도재, 유교의 제사가 그것으로, 이는 한국인의 죽음을 맡아 이끌어 온 대표적인 의례들이라 할 수 있다. 내세나 사후 영혼의 실재에 대한 믿음과 무관하게 이러한 의례를 치름으로써 죽은 자는 무사히 저승에 들어서고 산 자는 죽음으로 인한 충격과 슬픔을 딛고 현실로 돌아설 수 있었다. 넋굿과 천도재와 제사는 모두 죽음은 단절이나 끝이 아니라 또 다른 차원의 삶이 열리는 길임을 보여주고 있다.

무속에서는 이승의 삶이 다하면 당연히 저승으로 가서 사는 것이라 여겼고, 저승으로 잘 보내 주기 위해 넋굿을 한다. 무속에서 영혼을 보는 주된 관점은 죽은 자가 산 자에게 영향력을 미칠 수 있다는 것이다. 죽음은 불행한 사건이기에 심한 부정(不淨)이 발생하며 부정은 죽은 이가 산 자에게 탈을 낼 수 있는 힘을 지니고 있다고 믿기 때문이다.[80] 특히 한이 많고 억울한 죽음일수록 이러한 힘은 강력하다고 여겨 해원의례(解冤儀禮)로써 풀어 주어야 한다는 인식이 광범위하게 자리하고 있다.[81] 그렇지 못할 경우 영혼은 저승에 들어가지 못한 채 이승에서 원혼으로 떠돌게 된다. 따라서 넋굿을 하는 목적은 망자가 지닌 원한과 미련을 씻어 주고 죽음의 부정을 제거함으로써 이승의 존재였던 망자를 저승으로 무사히 돌려 보냄과 동시에 남은 자들의 제액초복(除厄招福)을 기하려는 것이라 할 수 있다.

넋굿은 누구나 치르는 것이지만 호상(好喪)일 경우에는 상대적으로 그 필요성이 줄어든다. 요절이나 사고사처럼 비정상적 죽음을 맞은 영혼일수록 넋굿의 우선 대상이 되게 마련이다. 넋굿은 한 차례로 일단락되며, 문제가 많은 원혼일 경우 거듭 치르기도 하지만 이는 특수한 사례에 속한다. 따라서 통과의례처럼 일회의 의례로써 망자를 저승으로 보내고 그곳에서 영생하게 하는 것이 넋굿의 목적이다. 무속에서는 자연종교적 특성에 따라 체계적인 내세관을 갖추지 않고 극락·지옥 등 불교의 내세관을 수용한다.

불교의 천도재 또한 원론적으로 넋굿과 다르지 않다. 특히 윤회 사상에 따르면 사십구재를 치른 다음 망자는 새로운 존재로 태어나는 것이기에, 더 이상 좋은 곳으로 보내기 위한 천도(薦度)의 의미가 불필요하다. 그런데 천도재는 사십구재를 하고 나서도 동일한 존재를 대상으로 거듭되어 백일재·소상재·대상재 등을 치르기도 할 뿐만 아니라 대부분의 불자들은 매년 우란분절·명절 등에 망자의 위패를 모시고 합동 천도재를 치른다. 사찰에서 기제사를 지내는 이들을 포함하여, 사십구재 이후에도 이렇듯 재(齋)는 지속되며 '좋은 곳으로 보내기 위한' 천도의 의미 또한 거듭된다.

그 뜻을 살펴보면, 천도란 현세의 일회적 삶뿐 아니라 이후의 삶에까지 영향을 미치게 되므로 거듭함으로써 더 나은 단계에 태어날 수 있다는 것이다. 또한 모든 천도재는 해당 망자만이 아니라 천도되지 못한 채 떠도는 영혼을 함께 구제하는 공덕을 지니며, 재를 통해 이루어지는 삼보(三寶)에 대한 공양 및 중생과 나누는 법식(法食) 등을 통해 불교의 회향 정신을 실천하는 의미가 있다. 이렇듯 동일한 대상에 대해 몇 번이고 거듭되는 것이 불교 천도재의 특징이다.

유교에서는 제사를 통해 주기적으로 망자와 만난다. 따라서 사후 영혼이나 내세를 인정하지 않는 대신 이승에서 망자를 다시 맞이하는 생사혼성적(生死混成的) 생사관을 지니고 있다. 이로 인해 제사에는 수많은 상상적 사고와 절차가 동원될 수밖에 없고, 유교의 죽음의례가 그토록 복잡한 이유도 이와 무관하지 않다.[82] 이처럼 종교로서의 유교의 특징은 궁극적 존재의 초월성을 강조하기보다는 인간 속에서 궁극적 존재를 어떻게 확인하고 만나는가에 관심이 집중된다는 데 있다.[83]

이는 초월적 존재에 대한 믿음보다는 섭리에 대한 믿음에 더 가깝다. 부모와 자식, 선조와 후손 간의 기의 감통(感通)은 상상적 공감을 통해 가능한 것이기 때문이다. 감격(感格)은 주지적 측면에서 이루어지는 것이 아니라 근본적으로 주체적인 인간 마음의 문제이며 일종의 종교적 체험의 문제이다.[84] 영혼관이나 내세관과 같은 종교적 믿음을 담보하지 않은 채 이러한 마음을 가장 잘 드러낼 수 있는 의례가 제사다.

이처럼 넋굿과 천도재와 제사는 존재의 영속성을 추구한다는 점에서 공통적이지만, 영속성이 펼쳐지는 장은 서로 다르다. 넋굿과 천도재가 저승에서 펼쳐지는 영속성을 뜻한다면, 제사는 현실의 존재들과 이승에서 함께하는 영속성이다. 따라서 영속성을 얻기 위한 방식도 달라진다. 넋굿과 천도재에서 보내 주는 저승길은 일회적 의례로써 이루어지는 데 비해, 제사에서 이승에 현재화하는 방식은 지속적인 의례로써 이루어진다. 망자가 이승에서 함께하기 위해서는 산 자들의 초청이 있어야 가능하므로, 현실에서 구현되는 존재의 영속성은 곧 의례의 지속성을 뜻한다. 한편, 불교 천도재는 이와 다른 차원에서 전개된다. 원론적으로 일회적 의례로써 저승에서 영속하는 유형에 속하지만, 동일한 존재를 대상으로 거듭 천도재를 치르면서 이승에서의 영속성 또한 확보한다.

세 의례의 특성은 참으로 조화롭다. 넋굿이 망자를 저승으로 잘 보내는 데 초점을 두는 일회적 의례라면, 제사는 이승에서 지속적으로 만나기 위한 의례이고, 천도재는 이를 절충한 듯 저승으로 잘 보냄과 동시에 이승에서도 거듭 만나고 있기 때문이다. 이러한 양상을 도식화하면 〈그림 1〉과 같다.

〈그림 1〉 영속성을 추구하는 죽음의례의 특성

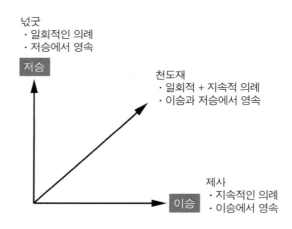

넋굿
· 일회적인 의례
· 저승에서 영속

저승

천도재
· 일회적 + 지속적 의례
· 이승과 저승에서 영속

제사
· 지속적인 의례
· 이승에서 영속

이승

특히 정교하고 체계적인 절차를 갖춘 불교와 유교의 죽음의례는 적절한 비교 대상이기도 하다. 내세는 물론 사후 영혼을 인정하지 않는 유교와, 체계적인 내세를 제시하고 있는 불교의 죽음관에는 근원적 차이가 있다. 엄밀하게 보자면 불교에서 사십구재를 지낸 뒤 새로운 존재로 윤회한 영혼이 제사를 받으러 올 수 없다. 유교에서도 죽은 자의 잘못에 대해 용서를 구한 다거나 내세의 명복을 기원하는 불교의례 절차는 오히려 죽은 조상에 대한 모독이라 보기도 한다.[85] 따라서 이들의 결합은 사상적 · 교리적으로 서로 모순되는 일일 수밖에 없다.

그러나 불교가 탄압받던 조선 시대에도 천도재는 유교 제사와 공존해 왔다. 지배층에서는 대외적으로 천도재를 반대했지만 실제로는 원당을 두고 조상의 재(齋)를 지내 왔듯이 이들 두 의례는 상호 보완적으로 공존해 왔다. 새로운 가치 이념으로 자리 잡게 된 유교의 생사관이 인간 본연의 욕구인 내세관을 제시하지 못함에 따라, 천도재를 통해 유교가 채우지 못한 종교적 욕구를 충족시켰던 것이다. 아울러 망자를 공양하는 천도재가 유교의 조상 숭배 및 효 사상의 맥락에서 수용될 수 있다는 점 역시 천도재의 존속에 크게 작용하였다.

이처럼 제사에 담긴 효와 천도재에 담긴 내세관은 각기 현실적·관념적 가치로서 민간의 죽음 인식을 지탱하는 두 기둥을 이루어 왔다. 제사에서는 혈연을 중심으로 한 생활윤리가 강조된다면, 천도재에서는 성직자와 신적 존재의 개입이 따르는 종교윤리가 강조된다. 아울러 유교에서는 제사의 구조와 상징체계를 통해 관념적 가치를 실현하고 있다면, 불교에서는 민간 제사의 적극적 수용을 통해 현실적 가치를 실현함으로써 상호 결핍된 측면을 보완하고 있는 셈이다.

이러한 사정은 무속의 넋굿을 치르는 이들에게도 다르지 않다. 넋굿은 '억울한 죽음' 혹은 '죽음의 억울함'을 달래는 중요한 장치일 뿐, 굿을 하는 이들은 배타적인 무속의 신봉자들이 아니다. 특히 무속은 불교와 깊은 친연성을 지녀 굿에서 모시는 신격에 불보살이 빠지지 않고 등장하며, 굿을 하는 이들은 대개 불교를 함께 믿는다. 뿐만 아니라 서구 종교의 신자를 제외하면 한국인은 누구나 제사를 지내 왔듯이 이들 또한 일상에서 유교 제사를 빠뜨리지 않는다. 따라서 사람이 죽으면 망자의 문제를 없애 주는 넋굿을 치러 저승으로 보내면서도, 한편으로 제사를 지내며 현실 속에서 주기적으로 망자를 만난다.

무속과 불교와 유교의 죽음의례는 모두 '사후 존재의 영속성 추구'라는 민간의 동일한 정신세계에 기반을 둔다. 한국인은 사람이 죽으면 유교의 기본 틀 속에서 상·제례를 치르는 가운데, 이와 별개로 넋굿으로 망자의 문제를 달래 주거나 천도재로 극락왕생을 기원하는 삶을 살아왔다. 망자의 영혼을 저승으로 혹은 다음 생으로 떠나보냈지만, 한편으로 제사를 통해 현실 속에서 주기적으로 만난다. 이러한 생사일여(生死一如) 혹은 생사혼성(生死混成)의 세계에서 망자는 이승과 저승을 넘나들며 영속적 삶을 영위하는 셈이다.

제 5 장

죽음에 대한
예의

지나침도 모자람도 없이

죽음은 남은 자들에게 슬픔과 회환을 남기는 충격적 사건이다. 평범하게 수(壽)를 누리고 떠난 호상이라 하더라도 어느 날 갑자기 닥친 망자의 죽음은 애절하여, 정성을 다해 망자를 떠나보내고자 하게 마련이다. 임종이 존재의 소멸이 아님을 믿고 망자를 보다 좋은 곳으로 보내고자 하는 마음 역시 안타깝게 죽은 망자를 위해 남은 자들이 지닐 수 있는 본연적 심성에 가깝다. 가까운 이의 죽음을 맞은 유족이 일상으로 돌아서는 일 또한 쉽지 않다. 따라서 이들에게도 죽음의 충격과 슬픔에서 벗어나기 위한 시간과, 죽음에서 비롯된 심리적·정서적 문제를 해결해 나갈 수 있는 기제가 절실하다.

이러한 죽은 자와 산 자의 문제들을 풀어 나가는 데 절대적인 역할을 해 온 것은 '의례'이다. 의례는 일정한 형식으로 남은 자들을 구속함으로써 의례에 기대어 하나하나 치러 나가는 과정이 곧 문제적 현실에서 헤쳐 나오는 이정표가 된다. 한없이 슬픔과 절망에 빠질 수 있는 산 자들을 구제하는 것도 의례이며, 자칫 도리를 지키지 못하여 후회가 남지 않도록 제어하는 것도 의례이다. 의례는 행위만이 아니라 시간을 포함하면서 죽음으로 발생한 모든 문제를 시공간적 상황 속에서 차근차근 해결해 나간다.

전통 죽음의례의 근간이 되어온 유교 상·제례를 보노라면 지나치게 명분과 격식을 중시한다는 생각이 드는데, 한편으로 그러한 형식이 곧 마음을 담는 그릇이 된다는 것을 깨닫게 된다. 죽음을 맞은 유족은 부모나 가까운 이를 잃은 슬픔과 충격에 이성적이고 체계적으로 상을 치르기에는 경황이 없다. 따라서 상례에 밝은 집안 어른을 호상(護喪)으로 모시고 여러 친지들의 도움을 받게 마련이지만 유족 스스로 지켜야 할 규범을 마련해 놓지 않으면 예와 도리를 잃기 쉽다. 이때 의례 형식은 의례를 행하는 이들에게 그 속에 담긴 뜻과 정신을 되새기게 하는 역할을 한다. 죽음의례에 담긴 애도의 형식은 슬픔이 지나친 이들에게는 이를 억제하게 해 주고, 반대편에 있는 이들에게는 슬픔의 정을 조장하게 해 주는 것이다. 유교 상례와 제례가 생활의례로 전승되면서 그 속에 인간의 보편적 도리와 심성을 담고 있기에, 무속과 불교에서도 이러한 의미를 수용하는 가운데 다양한 종교적 의례를 행해 왔다.

옛사람들이 죽음의례를 치를 때 가장 중요하게 여긴 점은 지나침도 모자람도 없도록 하는 것이었다. 이는 상례와 제례의 전 과정에 해당하는 덕목으로, 유족의 감정 표현에서부터 옷차림·상차림·의례 기간 등에 이르기까지 넘치거나 부족하지 않게 한 것이다. 이러한 의미는 죽음의례의 시작인 초상(初喪)에 집중적으로 드러난다. 사람이 죽어 장례를 치를 때까지의 시간은 죽은 자와 남은 자 모두에게 가장 중요하고 민감한 시기이기 때문이다.

슬퍼하되 심신을 상하지 말고[哀而不傷]
슬퍼하되 비탄에 빠지지 말라[哀而不悲]

슬퍼하되 슬픔에 상처입지 말고, 슬퍼하되 비탄에 빠지지 말라는 가르침은 가까운 이의 죽음을 맞은 이들에게 중요한 지침이 되어 왔다. 본래 '애이불상(哀而不傷)'이란 말은 공자(孔子)가 『시경(詩經)』에 나오는 「관저(關雎)」 편의 시에 담긴 예술적 정서를 평한 데서 비롯되었다. 그는 관저의 시가 "즐거운 가운데 음란하지 않고 슬픈 가운데 마음을 상하지는 않는다[樂而不淫 哀而不傷]."고 하였다.[1] 즐거움과 슬픔은 모두 절제하기 어려운 감정이어서, 즐겁되 도를 잃지 않고 슬프되 마음을 상하지 않는 중용(中庸)의 도를 높이 산 것이다.

따라서 후대 사람들은 죽음을 맞은 이들이 지녀야 할 슬픔도 중도(中道)를 지켜야 함을 나타내고자 이 구절을 따서 쓰게 되었다. '중도'는 물리적인 중앙이 아니라 양 극단을 떠난 자리이며, 바른 길(正道)을 일컫는 다른 표현이다. 과녁처럼 정중앙을 맞춰야 적중(的中)인 것이 있는가 하면, 야구방망이처럼 중앙에 맞히는 것이 능사가 아니라 당시 상황에서 가장 적절한 배팅이 적중인 것도 있다. 긴 나무 막대의 중도는 정중앙이지만, 나무 막대가 시소로 사용될 때는 무게중심을 이루는 곳이 바로 중도의 지점이다. 이처럼 병(病)에 따라 처방이 달라지듯이 상황에 따라 자유자재한 것이 중도이고, 곧 정도이다. 전통 죽음의례에는 이러한 중도의 도리가 섬세하게 담겨 있다. 이를테면 상(喪)을 당한 이들의 식사 문제를 살펴보자.

> 모든 아들은 3일을 먹지 않고, 1년이나 9개월의 복친(服親)은 세 끼를 먹지 않고, 5개월과 3개월의 복친은 두 끼를 먹지 않는다. 친척이나 이웃은 상주를 위해 죽을 쑤어 먹도록 하고, 존장 어른이 강하게 권하면 조금 먹어도 무방하다.[2]

부모의 죽음은 식음을 전폐할 정도로 슬픈 일이어서, 상주들이 허기를 메우기 위해 밥을 먹는 것은 부모 잃은 이의 도리가 아니라고 보았다. 이에 모든 아들은 3일간 먹지 않아야 하고, 9개월에서 1년간 상복을 입게 될 자는 세 끼를, 3개월에서 5개월간 상복을 입게 될 자는 두 끼를 먹지 않도록 하여 가깝고 먼 정도에 따라 굶어야 할 끼니 수를 상세하게 밝힌 것이다. 그러나 슬픔과 충격으로 기진맥진한 이들이 곡기까지 끊는다면 몸이 상하게 마련이다. 따라서 이와 별개로 주변 사람들은 죽을 끓여 주고, 상주가 이를 거부하면 웃어른이 강하게 권함으로써 어쩔 수 없이 조금 먹도록 하였다. "상주가 기력을 잃으면 누가 상을 치르겠는가." "이 모습을 보면 돌아가신 부모의 마음은 더 슬프지 않겠는가." 존장 어른이 상주에게 나무라듯 끼니를 권하면서 했을 법한 말들이다. 오늘날의 우리가 이러한 처지에 놓인 이들에게 갖게 되는 마음과 다르지 않을 것이다.

　상주는 식음을 전폐함으로써 자신의 도리를 다하고, 주변에서는 강권하여 몸을 추스를 수 있게 한다. 결과적으로 밥을 먹게 되지만 상주의 의지가 아닌 것이다. 이는 실제 상례에서 만날 수 있는 자연스러운 정서를 담고 있어, 인간의 도리를 형식으로 규범화해 놓은 것임을 알 수 있다. 부모를 잃은 슬픔이 얼마나 큰 것인지 보여주지만, 결코 그 슬픔에 지나치게 빠져들거나 심신이 상하지 않도록 하였다. 이러한 정신은 상례의 시작에서 마지막에 이르기까지 줄곧 이어진다. 의례를 통해 상주 스스로는 물론 함께하는 모든 이들이 부모의 죽음에 따라야 할 자식의 도리와 정신을 내재화하게 되고, 자칫 흐트러질 수 있는 질서를 명분을 앞세운 의례로써 바로잡을 수 있는 것이다.

　그런데 이러한 생각은 놀랍게 고대사회에서도 마찬가지였음이 발견된다. 부여에서는 상주가 가능하면 장례를 늦게 치르고자 하여 주변 사람들의 강권에 의해 5개월이 지나서야 마지못해 하는 것을 예절로 삼았다고 한다.[3] 식음을 전폐하려는 상주에게 식사를 강권하는 것과 마찬가지로, 부모를 늦게 떠나보내려고 장사를 미루는 상주에게 주변에서 강력히 권하여 장례를 치르도록 한 것이다. 부모의 죽음을 당한 자식의 마음과 도리, 그것이 행동으로 나타날 때는 어떤 모습을 띠게 되는지에 대해 수천 년의 세월을 뛰어넘어 공통된 생각을 하고 있음을 알 수 있다.

곡(哭)을 하는 법도는 더욱 상세하고 체계적이다. 울음이란 부모나 가까운 이를 잃은 인간에게 가장 자연스럽게 나타나는 감정 표현이다. 그런데 울음조차 그 시기와 방식을 예로써 규제하였다. 몇 가지만 살펴보면 임종 직후에 하는 곡을 '애곡벽용(哀哭擗踊)'이라 하는데, 이는 가슴을 치고 발을 구르며 애통하게 통곡한다는 뜻이다. 죽음의 확인과 함께 본연적으로 터져 나오는 극한 슬픔을 마음껏 표현하게 한 것이다.

이에 비해 수시(收屍)를 마치고 나서 하는 곡을 발상(發喪)이라 한다. 이때는 의도적으로 '아이고 아이고' 하며 지나친 울음이 되지 않도록 하되 또한 그치지 않아야 한다. 울음을 통제하는 동시에 또한 울음이 끊어지지 않도록 하는 것이다. 지금의 관점에서 보자면 울음이란 슬픔의 감정에 따라 자연스레 우러나는 것이지, 이마저 의례로 규제하는 것은 지나치다고 여겨질 수 있다. 여기에는 몇 가지 뜻이 담겨 있다. 우선 '상을 알린다(發喪)'는 말처럼 끊이지 않는 울음소리로 주변에 죽음을 알리는 의미를 지닌다. 이와 함께 극진한 슬픔을 통제하는 장치이기도 하다. 수시는 고인의 손과 발을 묶고 코와 입 등을 솜으로 막는 등 주검으로 다루는 구체적인 몸짓이기 때문에 슬픔이 북받치게 된다. 임종 직후의 울음이 수시 이후까지 이어지면 기력을 잃기 쉽고, 통곡하다가 혼절하여 장례를 제대로 치르지 못하기도 한다. 따라서 실제의 울음을 가능하면 자제토록 하고 울음소리로써 예를 다하도록 한 것이다.

입관을 하기 전에 망자에게 수의를 입히고 몸을 묶는 소렴(小殮)을 하고 나면 몸을 구부려 '주검에 기대어' 가슴을 치며 곡하도록 하였다. 이는 망자의 몸에 쓰러지듯 엎드려 우는 모습을 연상하게 한다. 염과 입관을 하는 단계는 망자의 죽음을 강렬하게 체험하고 그 육신과 이별하는 애절함이 크기 때문이다. 따라서 이 시기에는 대곡(代哭)을 시켜서라도 곡소리가 끊이지 않도록 하였다. 부모의 몸을 염하는 것은 더할 수 없는 슬픔이기에 이를 나타내고자 곡성이 계속되게 하였고, 상주를 보호하기 위해 곡비(哭婢)를 쓸 수 있도록 하였다. 이후 상례를 마칠 때까지 수없이 많은 종류의 곡이 등장한다. 시기와 상황에 따라 곡의 성격과 정도를 규제하되 슬픔을 나타내는 데 모자람이 없도록, 그리고 산 자들이 결코 죽음의 절망에 빠지거나 심신을 해치지 않도록 하고 있다.

축제적 죽음의례는 여기에서 한 걸음 더 나아가 죽음의례에 활기를 부여한다. 유학자들은 이를 비판하면서도 짐짓 모른 체 눈감아 주는 것도 축제적 의례의 순기능을 잘 알고 있기 때문이다. 비장하고 엄숙한 유교식 죽음의례가 치러지는 가운데, 한편에서 떠들썩한 축제로 삶을 돌아보게 하는 뜻을 읽을 수 있는 것이다. 주변 사람들이 끼니를 끊은 상주에게 밥을 먹이고 장례를 빨리 마무리하도록 강권하는 것처럼, 공적 의례가 한가해진 출상전야에 벌어지는 축제적 놀이는 죽음의 절망에서 빠져나올 수 있는 중요한 기제였다. 뿐만 아니라 이러한 축제성은 재생에 대한 축복과도 연결되면서, 죽은 자와 산 자 모두에게 빠뜨릴 수 없는 희망을 제시하는 것이다.

죽음이 발생한 이후 남은 자들은 의례를 거침으로써 망자가 무사히 이승을 떠날 수 있다고 믿었고, 그 속에서 할 수 있는 최선의 마음과 정성을 다하였다. 이때 가장 중요한 예법은 지나침도 모자람도 없게 함으로써 죽은 자를 위한 슬픔을 최대한 담아 떠나보내면서 산 자들 또한 건강하게 일상으로 돌아설 수 있도록 하는 것이었다.

서두르지 않고 점차적으로

1. 몸도 영혼도 늦게 떠나보내기

죽음의례는 다른 통과의례와 달리 단시일에 끝나지 않고 오랜 기간에 걸쳐 진행된다. 시대에 따라 그 기간은 달라졌지만 상례를 일생의 통과의례 가운데 가장 오랜 시간이 필요하다고 보는 데는 변함이 없다. 상례를 치르는 기간은 망자를 떠나보내는 시간이자 남은 자들이 죽음을 둘러싸고 발생한 문제에서 벗어나는 데 필요한 시간이다. 따라서 죽음의 슬픔과 충격이 클수록 망자를 늦게 떠나보내고자 하게 마련이다. 아울러 이러한 마음이야말로 부모상을 당한 자식의 인정과 도리에 맞는 것이라 보았고, 이를 의례로써 규제해 놓은 것이다. 상(喪)에서 벗어나는 시간을 25개월로 길게 잡고, 현실 속에서 망자와 주기적으로 만나는 제사 또한 4대까지 모시다가 차례대로 떠나보내는 것도 모두 이러한 마음을 되새기고 드러내기 위함이다.

이러한 생각은 예로부터 이어져 오래 전의 죽음의례에도 그대로 반영되어 있음을 살펴본 바 있다. 아울러 영혼만이 아니라 몸을 떠나보냄에 있어서도 마찬가지의 생각을 하고 있었다. 고대인들은 주검을 촉박하게 처리하지 않고 오랫동안 모시는 것을 중요하게 여겼다. 몸과 영혼을 분리해서 인식하는 한편으로, 비록 생명이 끊어진 주검이라 하더라도 가시적인 망자의 실체이기에 쉽게 떠나보내지 못하였다.

장례 기간을 보면 부여에서는 주검을 집에 모시는 기간이 5개월이나 계속되었다.[4] 여름에 사망한 경우에는 얼음을 채워 보관하면서까지 쉽사리 떠나보내지 않았던 것이다. 고구려에서도 가능하면 시일을 늦추고자 하여 백 일에 걸쳐 상을 치렀는가 하면, 집안에 주검을 안치했다가 3년이 지나서야 길일을 택해 장례를 치른다고 하였다.[5] 이는 집안 어느 곳에 가매장했다가 3년이 지난 뒤 매장하는 일종의 이중장, 복장(複葬)을 언급한 것으로 보인다. 당시에는 장례와 상례가 결합된 경우가 많아 여기서 언급한 백일, 5개월, 3년이 모두 장례이면서 상례였다. 이렇듯 삼국시대에 이미 유교식 상례가 들어와 백제와 고구려에서는 부모상에 자식들이 상복을 입고 삼년상을 치르기도 하였고, 신라에서는 부모·처자의 상을 모두 1년으로 하였음을 살펴본 바 있다. 고대 한국의 죽음의례에 대한 기록은 모두 지배층을 대상으로 한 것이어서 무덤을 준비하고 꾸미는 데 필요한 시간까지 함께 고려했던 풍습인 셈이다.

이러한 마음은 고려 시대와 조선 시대에 이르기까지 이어졌다. 고려 시대에는 "3일이 지나야 장례를 치를 수 있다."는 규정을 두고 있어 5일장이나 7일장 등으로 치렀을 것이라 보기 쉽다. 그런데 당시의 기록을 보면 주검인 상태로 오래 모신 후 장례를 치르는 비율이 전반적으로 높았다. 규정 또한 3일 후에 장례를 치르도록 하였을 뿐 이후의 장례 기간에는 제한을 두지 않았다. 『고려묘지명집성』에 수록된 인물 가운데 임종 날짜와 매장 날짜를 알 수 있는 175인의 기록을 보면, 화장이 분명한 40인의 경우를 제외하고 묘를 조성한 기간이 사후 1개월 이내가 27%이고, 1~3개월이 43%, 3개월 ~2년 미만이 25%에 이른다.[6] 이러한 장례 기간을 볼 때 주검을 오래 모신 후 매장하는 풍습이 여전히 높았음을 알 수 있다.

조선 시대의 상장(喪葬) 규정에도 4품 이상은 삼월장(三月葬), 5품 이하는 달을 넘겨서 장례를 치르도록[踰月葬] 함으로써 관직이 높을수록 오랜 기간을 적용하였다.[7] 여름에는 '빙반'이라는 냉동 영안실을 만들어서 주검을 보관하였다. 또한 18세기는 『주자가례』가 널리 보급된 무렵이어서인지, 민간에서도 3개월에 걸쳐 장례를 치르는 풍습이 만연하였던 듯하다.

근래에는 풍속에 귀천이 없어 모두 3개월에 장례를 한다. 옛 예절에는 오직 대부(大夫)만이 3개월이고, 선비는 달만 넘겼다.[8]

본래 삼월장은 고위직 관리들만 적용하도록 했으나 서민들에 이르기까지 이를 따랐다는 것이다. 조선 말기에는 매장하기 전 몇 달 동안 사랑채의 한 방을 여막방(廬幕房)으로 삼아 이곳에 관을 안치해 놓고 상주가 집안에서 여막살이를 하는 풍습도 발견된다. 여막방으로 쓸 만한 방을 갖지 못한 평민은 집 밖의 임시 공간에다 시신을 두고 짚으로 엮은 거적으로 덮었고, 상류층에서는 대청이나 외진 방에 여막방을 차리다가 점차 헛간·앞마당 등에 두게 되었다는 것이다. 이러한 여막방이 바깥으로 나오면 초분(草墳)과 유사하다. 실제 서민들이 집밖에 두었던 가무덤은 곧 초분을 뜻하여, 경계가 불분명한 채로 다양한 양상으로 존재했던 듯하다.[9] 따라서 이중장으로 치르면서 유골을 수습하지 않고 관에 넣어 가매장했다가 그대로 이장한 이들도 있었을 것이다.

뿐만 아니라 이중장의 경우는 뼈에 영혼이 깃들어 있다고 보면서 피륙이 다해 형체가 없어질 때까지는 완전한 죽음으로 보지 않았다. 특히 고려 시대 이후 좋은 곳에 묘 터를 잡고자 하여 음택풍수를 중시했던 점도 장례 기간을 늘리는 주요한 요인으로 작용하였다. 근래까지도 좋은 묏자리를 구하기 위한 구산(求山)으로 인해 칠일장·구일장은 물론 때로 백일장(百日葬)이 있는가 하면, 아예 구산 때까지 가매장을 해 두었다가 몇 년이 지난 뒤에 매장하는 음택풍수가 성행하였던 것이다.[10]

상례 기간은 고대의 경우 장례 기간과 같을 때가 많았고, 신라의 경우 일년상, 백제와 고구려의 경우 삼년상을 치렀다는 기록도 살펴볼 수 있었다. 고려 시대에는 제도적으로 삼년상을 규정해 놓았으나 실제는 백일로 탈상하거나 화장의 영향으로 다양하게 상을 치렀다. 이렇듯 이른 시기부터 삼년상에서부터 1년과 백일에 이르기까지 망자를 떠나보내는 시점은 다양하였으나 공통점은 오랜 시간에 걸쳐 상을 치르며 망자를 늦게 떠나보냈다는 사실이다.

그러다가 조선 시대에 와서 본격적인 삼년상이 자리 잡게 된다. 25개월에 걸쳐 이어지는 삼년상은 자식들로 하여금 시간의 경과에 따라 슬픔의 정을 달리 처리하도록 여러 가지 형식으로 꾸며 놓은 것이라 할 수 있다.[11] 애도의 기간과 방식을 규제하는 상례, 그리고 4대에 걸쳐 조상을 모시는 제례는 '부모 잃은 자'가 지녀야 할 도리와 조상에 대한 섬김의 의무를 사회화하였다. 이러한 모습으로 일반화된 상·제례는 효와 조상숭배 사상을 더욱 강화하면서 한국인의 죽음의례를 구성하는 뼈대가 되어 왔다.

2. 몸과 이별하는 단계

모든 죽음의례는 산 자와 죽은 자가 이별하는 방식이다. 앞서 다루었듯이 옛사람들은 생명이 끊어졌다 하더라도 망자의 실체인 몸을 쉽게 떠나보내지 못하고 오랜 기간에 걸쳐 장례를 치렀다. 장례를 마칠 때까지는 망자의 몸을 중심으로 단계적인 이별을 체험하게 되고, 망자의 영혼 또한 몸의 변화와 함께 머무는 모습과 장소가 달라진다. 의례 단계에 따라 망자의 몸과 이별하는 양상을 살펴보자.

첫 번째 이별은 숨이 끊어져 임종을 확인하는 단계이다. 따라서 강렬한 충격과 슬픔에 휩싸이면서 죽음을 거부하고 되살아나기를 기대하는 마음이 필연적으로 따르게 된다. 이러한 마음은 염을 할 때까지 이어져 전통 상례에서는 임종 후 3일이 지난 뒤에 염을 하는 것이 원칙이었다. 염을 하기 전까지의 시간에 망자가 되살아날 수 있다는 가능성을 열어 놓고 있기 때문이다.

> …혹시 다시 살아날지도 모르는데 어찌 급하게 포기하고 시신을 염하겠는가? 그러므로 3일 후에 시신을 염하는 것은 다시 살아나기를 기다리는 마음에서이다. 3일이 지나도 살아나지 못하면 영영 살아나지 못하는 것으로 여긴다.[12]

이처럼 임종 후 며칠이 지난 후 염을 하는 것은 소생을 기원하는 마음과 함께 여러 가지 시대적 상황과도 밀접히 관련된 것으로 보인다. 속광(屬纊)이나 맥박을 짚어 보는 등의 방법으로 명(命)이 끊어졌음을 확인했던 당시에는 죽음의 판별이 그리 명확하지 못했을 것이다. 오늘날에도 죽었다가 되살아난 희귀한 소생 사례가 있듯이 임종을 그들 스스로 판단했던 전통 사회에서 죽음을 확정짓기가 지금보다 훨씬 조심스러울 수밖에 없었을 것이다. 또한 교통이 발달되지 않은 당시에 고향을 떠나 있던 자식들이 부모의 상을 당하여 기별을 받고 돌아오기까지에는 최소한 며칠이 걸리게 되고, 그때까지 염을 하지 않고 두어야 자식들이 부모의 얼굴이라도 대면할 수 있었을 것이다.[13]

두 번째 이별은 염과 입관의 단계이다. 몸을 묶어 관에 넣고 못을 침으로써 더 이상 망자의 실체를 느낄 수 없게 된다. 예서에서도 염을 할 때는 망자의 몸에 기대어 슬픔을 마음껏 표현할 수 있도록 했듯이, 시대와 무관하게 망자와의 이별을 가장 생생하고 애절하게 실감하는 시간이기도 하다. 임종 후 얼마 되지 않아 행하는 수시(收屍) 때도 손발을 묶고 솜으로 코와 입과 귀 등을 막음으로써 '죽은 몸'이라는 사실을 실감하며 이와 유사한 감정을 느끼게 된다. 그러나 염과 입관의 시기에는 망자의 몸을 본격적으로 주검처럼 다룰 뿐만 아니라, 생시와 달라진 모습에서 죽음에 대한 강렬한 체험을 하게 된다.

이 시기의 특징은 안색이 짙고 차갑게 굳은 망자와 대면함으로써 주검에 대한 공포를 느끼게 된다는 점이다. 인간이 죽은 자에 대해 본연적으로 지니는 애착과 두려움의 이중관념 가운데, 두려움이 서서히 부각되는 시기인 것이다. 말리노프스키(Malinowski)는 "주검에 대한 애정과 혐오의 이중적 감정 때문에 복잡한 종교 문제를 발생시키는 것이다."[14]라고 하였고, 모랭(Morin)이 "잘 죽고 잘 보존되며 장례식과 매장에서 경의를 잘 받은 영혼들조차도 위협적이고 무섭다. …영혼들이 모두 다 두 번 살고자 한다면 '가장 미친 사람들조차도' 그들을 사랑하기를 거부한다."[15]고 했듯이 주검이 되살아 난다는 것은 공포스러운 일로, 의례를 통해 이러한 관념을 드러내게 된다. 염을 할 때 꼭꼭 묶은 주검을 관에 넣고 뚜껑을 못으로 쳐서 절대 나올 수 없도록 차단하며, 발인 날 방에서 관을 들어낼 때도 도끼·톱으로 문지방을 살짝 찍거나 자른 뒤 방문을 넘어서고 엎어 둔 바가지를 관으로 눌러 깨뜨림으로써 망자가 다시는 문지방을 넘어 집안으로 되돌아오지 못하도록 한다. 묘지에 하관할 때도 세 차례 이상의 덜구찧기로 다져 묻음으로써 산 사람과 철저하게 분리·격리시키는 것이다.[16] 따라서 애절한 슬픔과 함께 '죽은 자는 죽은 자의 세계로 가야 한다'는 심리적 분리 의식이 싹트기 시작하는 것이다.

망자의 몸과 이별하는 세 번째이자 마지막은 매장을 하는 단계이다. 광중(壙中)에 하관을 할 때부터 유족의 슬픔이 고조되기 시작하여 관 위에 흙을 뿌릴 때 절정을 이룬다. 망자의 몸 위에 흙을 덮는다는 것은 영원히 땅속에 유폐시키는 것이어서 이때 유족의 슬픔은 극에 달할 수밖에 없는 것이다.

이렇듯 몸을 떠나보내고 나면 망자의 영혼이 남아, 상례를 마칠 때까지 영혼을 대상으로 다시 이별을 준비하게 된다. 그런데 죽음이란 영혼이 몸을 떠나는 것이어서 임종에서부터 몸과 별개로 영혼을 나란히 모신다. 몸을 대상으로 한 단계적 이별 절차에 따라 영혼을 대상으로 한 의례절차가 함께 이루어지는 것이다.

첫 번째, 임종을 확인하는 단계에서는 망자의 몸을 떠난 영혼을 다시 불러들이는 초혼(招魂)을 행한다. 지붕에 올라가 북쪽을 향해 망자가 입었던 옷을 흔들며 그의 이름을 세 차례 부르고(復), 그래도 살아나지 않으면 죽은 것으로 인정하면서 그 옷을 주검 위에 덮게 된다. 지붕으로 올라가는 것은 위쪽에 영혼이 있다고 보기 때문이다.[17] 비록 망자의 옷에 빙의해 온 영혼이 몸으로 들어가 되살아나지는 않았지만, 이 옷에 망자의 영혼이 깃들어 있다고 여겨 혼의(魂衣)라고도 부른다. 따라서 임종 직후의 영혼은 망자의 옷에 머물게 되며, 그 옷을 망자의 몸에 덮음으로써 마치 옷을 입듯 혼의에 깃든 영혼이 언제든 몸에 들어가기를 바라는 듯하다. 망자가 아직 살아날지도 모른다고 보아 소생을 기원하는 몸짓인 셈이다.

두 번째, 염과 입관의 단계는 망자의 몸이 본격적으로 이승과 단절되는 순간이므로, 망자의 영혼 또한 몸에서 분리되는 시기로 본다. 임종으로 이미 영혼은 몸을 떠났지만 염과 입관이 상징하는 뜻에 따라 본격적인 몸과 영혼의 분리를 상정하는 것이다. 따라서 이때 흰 비단이나 한지 등으로 혼백(魂帛)을 만들어 망자의 영혼이 깃드는 신위(神位)로 삼게 된다.[18] 또 초혼 때 사용했던 혼의의 옷고름이나 소매를 접어서 혼백으로 사용하거나 혼의를 백지에 싸서 혼백상자에 넣기도 하는데, 이는 모두 혼의에 깃든 혼을 혼백으로 옮겨 놓기 위한 의례적 절차이다.[19] 임종 이후 혼의에 머물게 된 영혼을 혼백으로 이전시킴으로써, 소생을 기원했던 옷은 사라지고 하나의 상징물로서 혼백이 등장하게 된 것이다.

세 번째, 매장을 하는 단계는 망자의 몸을 영원히 땅속에 유폐시키는 순간이어서, 몸과 완전히 분리된 망자의 영혼 또한 오랫동안 머물 수 있는 신위가 필요하다. 이전까지 혼백이 영혼의 의지처였다면 이 시기에 등장하는 본격적인 신위는 신주(神主)이다. 따라서 장지에서 묘를 쓰는 과정에 혼백에서 신주로 바꾸어 모시게 되며 성분(成墳)이 완성되어 가는 동안 신주에 글씨를 써넣는 제주(題主)를 행한다. 제주를 마치고 제주전(題主奠)을 올릴 때 읊는 축문을 보면 다음과 같은 구절이 나온다.

…아뢰옵니다. 형(形)은 무덤으로 돌아가셨으니 신(神)은 집으로 돌아오십시오. 신주가 이미 이루어졌으니 엎드려 바라옵건대 높으신 영혼(尊靈)은 옛것을 버리시고 새로운 것에 옮겨 의탁하소서.[20]

유교적 표현에 따르면 '체백(體魄)은 무덤에 묻히고 신혼(神魂)만 남게 되어' 몸을 떠난 영혼이 의지할 곳이 없으니 신주를 써서 의지처로 삼도록 한다는 것이다. 장례를 마치고 신주와 혼백을 모시고 집으로 반혼(返魂)하면 그날 초우제(初虞祭)를 지내게 된다. 초우제를 지낸 다음 첫 유일(酉日)에 재우제를 지내고, 첫 강일(剛日)에 다시 삼우제를 지낸다. 이렇듯 세 차례에 걸쳐 우제를 지내는 것은 '편안할 우(虞)'라는 뜻에서도 알 수 있듯이 '장사를 지내고 영혼을 맞이하여 편안하게 위안하기 위함'이다.[21] 영혼의 임시 거주지였던 혼백은 초우제를 지내고 나면 땅에 묻고, 이후부터는 신주를 모시고 제를 올리게 된다.

이렇듯 몸과 이별하는 단계는, 죽은 자와 산 자의 관계는 점차 멀어질 수밖에 없으며 죽은 자의 몸은 '격리'되어야 한다는 의미를 깨달아 가고 실천하는 과정이라 할 수 있다. 임종 무렵의 1단계에서는 죽음을 거부하고 재생을 기대하며 망자와 강한 정서적 유대감을 지닌다. 그러나 구체적인 주검의 실체와 마주하는 2단계에서는 슬픔과 별개로, 망자에 대한 공포가 싹트고 죽음을 인정하면서 산 자와의 분리를 서서히 인정하게 된다. 3단계는 완전한 격리로써 망자의 몸과 이별을 마무리 짓는 의례라 할 수 있다.

그런데 망자의 몸을 무덤에 격리시키고 이별하였으나 이는 어디까지나 가시적인 주검과의 이별일 뿐 산 자와의 단절을 뜻하는 것이 아니다. 무덤을 조성한다는 것은 만남을 전제로 할 뿐만 아니라 '조상의 뼈가 묻힌 곳'으로서 무덤이 특별한 의미를 지니기 때문이다. 무덤은 조상과 후손의 기(氣)가 감통하는 근원지요, 조상의 기운으로 후손들에게 음덕을 미치게 될 음택(陰宅)으로서 중요한 의미가 있다. 따라서 명당을 골라 무덤을 쓰고, 묘사(墓祀)를 게을리하지 않으면서 조상과 후손은 무덤을 매개로 물리적·정신적 만남을 이어 가는 것이다.

무덤을 쓰면서부터 일상적으로 망자의 존재감을 느끼게 되는 대상은 몸에서 영혼으로 바뀐다. 따라서 몸과 이별하는 단계는 몸을 망자의 실체로 인식하는 본연적 심성을 서서히 영혼으로 바꾸어 나가는 과정이기도 하다. 망자의 영혼은 혼의(魂衣)에서 혼백(魂帛)으로, 다시 혼백에서 신주(神主)로 옮겨 가게 되고 이때부터 망자의 정체성은 신주에 집중된다. 몸은 차가운 땅속 무덤에 묻을 수밖에 없지만, 영혼은 살던 집으로 모셔가 일상 속에서 만나는 가운데 다시 길고 긴 이별의 시간을 준비한다.

그런데 망자가 제사를 받을 때마다 흩어져 있던 혼백은 다시 만나게 된다. 강신(降神)은 신혼만이 아니라 무덤에 묻힌 체백까지 함께 청하는 행위이기 때문이다. 제사 때 강림하는 망자는 백(魄)이 제외된 혼(魂)이라는 견해가 있으나, 땅으로 내려간 백(魄) 역시 물리적 육신이 아니라 육신을 작동하는 신(神)이기 때문에 혼백이 함께 강림하는 설정으로 봐야 한다. 따라서 혼은 신주에, 백은 무덤에 각각 깃들어 있지만 제사를 지낼 때면 흩어진 혼과 백을 함께 모시는 것이다.

이후 망자의 영혼은 4대에 걸쳐 제사를 받다가 대(代)가 바뀌면 개별 인격신에서 조상신으로 통합된다. 이때 사당에서 물러난 신주는 무덤 옆에 묻혀 영혼은 다시 몸의 곁으로 돌아간다.[22] 결국 영혼이 깃든 신주 또한 자신의 뼈가 묻힌 곳에서 체백과 신혼으로서 다시 만나 통합되는 것이다.

이렇듯 망자의 몸을 중심으로 이별하는 단계와, 이에 따라 함께 달라지는 영혼의 상태, 그리고 최종적으로 무덤에 통합되는 양상을 〈그림 2〉로 나타낼 수 있다. 망자의 몸과 단계적으로 이별하였지만 이별은 또 다른 만남으로 연결된다. 묘사를 통한 새로운 만남은 세대를 넘는 오랜 만남으로 이어지고, 신주에 깃들어 있던 영혼 또한 무덤 곁에 묻히면서 분리된 몸과 영혼도 가시적 통합을 이룬다.

〈그림 2〉 이별이 만남으로 연결되는 단계

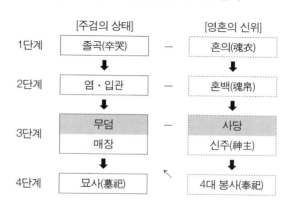

3. 영혼과 이별하는 단계

상례는 망자의 영혼과 이별하기 위해 필요한 시간이요 몸짓이다. 부모를 잃은 자식으로서 슬프고 애통한 마음을 추슬러 다시 일상으로 돌아오기 위해서는 일정한 시간과 의식이 필요하다고 보아, 이를 단계적으로 제시해 놓은 것이다. 따라서 25개월에 걸친 삼년상의 과정은 슬픔의 정을 표현하는 절차와 의식을 점차 줄여 나감으로써 서서히 슬픔에서 벗어나도록 하는 데 초점을 두었다. 『예기』에는 이렇듯 긴 시간에 걸쳐 삼년상을 치르는 뜻에 대해 다음과 같이 적었다.

> 상처가 크면 오래가고 아픔이 심하면 낫기가 더딘 법이니, 삼년이란 기한은 정(情)에 맞추어 형식을 세운 것으로, 지극한 아픔에 대한 문식(文飾)이라 하겠다. …삼년상은 25개월 만에 마치는데, 그래도 애통함은 다하지 않고 사모의 정은 여전히 남아 있지만 이로써 복(服)을 끊는 것은 죽은 이를 보내는 데도 끝이 있고 산 사람도 일상생활로 복귀해야 하기 때문이 아니겠는가.[23]

이에 따르면 삼년상은 부모를 잃은 자식으로서 지니게 되는 아픔과 정을 예법의 형식으로 표현한 것이라 하였다. 25개월이 지나도 여전히 애통한 마음과 사모의 정은 가시지 않으나 산 사람 또한 자신의 자리로 돌아와야 하기에 상에서 벗어나는 매듭을 둔다는 것이다. 아울러 인간 정서의 문제를 이렇듯 획일적으로 규제하는 것에 대해 '평생 동안 슬픔에 빠져 부모를 그리워하는 마음으로 지내는 이들의 퇴행적 성향을 제어해 주는 한편, 거꾸로 부모의 죽음 앞에서 슬퍼할 줄 모르는 이들의 박절한 정을 순화시켜 주는 의미'가 있다고 하였다.[24]

그런데 실제 전통 상례의 끝은 25개월이 되는 대상(大祥)으로 끝나는 것이 아니라 몇 가지 단계가 더 따르게 된다. 담제(禫祭)를 거쳐 임종 후 27개월 혹은 28개월에 오는 길제(吉祭)로써 완전히 일상으로 돌아오게 되는 것이다. 『가례』에는 담제로서 상례의 모든 절차를 마치도록 하고 있으나, 우리나라에서 발간된 모든 예서에서는 길제를 상례의 마지막 절차로 간주한다.[25]

『사례편람』을 중심으로 장례를 마친 이후에 치르는 상례의 각 단계와 이 시기에 행하는 의례의 뜻을 살펴보자.[26]

① 졸곡(卒哭)

장지에서 돌아와 세 번의 우제를 마치고 나서 강일(剛日)을 택하여 졸곡제(卒哭祭)를 치른다. 졸곡제는 '곡을 마친다'는 뜻을 지니고 있으며 임종 혹은 삼우제 후 3개월이 지나서 올리는 의례이다. 졸곡제를 기점으로 그치게 되는 곡은 수시로 하는 무시곡(無時哭)이고, 이후부터는 아침저녁에 제를 올리면서 조석곡(朝夕哭)만 하게 된다. 무시곡에서 조석곡으로 전환시킴으로써 슬픔의 강도를 약하게 하는 것이다. 인조 때 예장도감에서 예장(禮葬)에 대해 임금에게 건의한 내용 가운데 다음과 같은 구절이 있다.

> 『예기』에 이르기를 "…졸곡에는 길제(吉祭)로 상제(喪祭)를 바꾼다." 했고, "졸곡에는 생사(生事)가 끝나고 귀사(鬼事)가 시작된다."고 하였는데, 이는 장사 지내기 전의 제사는 마땅히 죽은 사람의 예를 따르고 졸곡에 이르러서는 산 사람의 예로 제사 지내기 때문인 듯합니다.[27]

이 말은 졸곡의 의미를 명확히 드러내 준다. 졸곡에는 생사(生事)가 끝나고 귀사(鬼事)가 시작되며, 상제(喪祭)가 길제(吉祭)로 바뀌게 된다고 하였다. 곧 졸곡 이전까지는 죽음이라는 사건에 초점을 맞추어 망자의 상태를 중심으로 제사를 지낸다면, 졸곡을 기점으로 '산 자의 도리'로써 제사를 지낸다는 것이다. 망자는 사자(死者)에서 조상으로 바뀌었기에 이때부터 지내는 제사는 길례(吉禮)의 범주에 속하게 된다. 이러한 뜻을 담아 졸곡 다음 날 제사

<그림3> 장례 이후에 오는 상례 절차

시기	의례	의미	상주의 몸가짐	비고
삼우(三虞) 후 3개월 지난 강일(剛日)	졸곡 (卒哭)	곡을 그치는 의례	조석곡만 하고 무시곡은 그침 거친 밥과 간장·소금을 먹고, 나물과 과일 등은 먹지 못함 자리를 깔고 목침을 베고 잠	흉례→길례로 전환
임종 후 13개월 되는 날	소상 (小祥)	한 돌을 맞아 고인을 기리는 의례	조석곡을 그침 연복(鍊服)으로 갈아입음. 수질(首経)·요질(腰経)을 떼어냄 과일을 먹음	상서로운(祥) 의례의 시작
임종 후 25개월 되는 날	대상 (大祥)	두 돌을 맞아 탈상하는 의례	신주를 사당에 안치하고, 영좌를 철거함 상장(喪杖)은 잘라서 버림 흰 도포와 허리띠, 백립(白笠), 백화(白靴) 착용(부인: 소복, 흰 신) 젓갈, 장을 먹음	규범적 탈상
임종 후 27개월 되는 날	담제 (禪祭)	일상으로 돌아가는 의례	검은 장삼, 검은 포립(布笠), 흰 각띠(부인: 관을 쓰고, 황청흑백의 옷·신을 갖춤. 장식은 불가) 술과 고기를 마심	완충과 유예의 의례
담제 다음 달 삼순(三旬) 중 택함	길제 (吉祭)	사당으로 신주를 옮기는 의례	일상생활로 완전히 복귀함	실제적 탈상

용구를 사당으로 옮겨 진설해 놓고 조상에게 망자를 합사(合祀)하게 되었음을 고하는 제사를 지내는데 이를 부제(祔祭)라 한다.

그렇다면 무시곡을 그치는 '졸곡'으로 흉례가 길례로 바뀌도록 한 의미를 생각해 볼 필요가 있다. 무시곡이란 슬픔에 못 이겨 때와 장소를 가리지 않고 우는 것을 말한다. 이는 부모를 잃은 자식의 자연스러운 감정을 드러내는 것이기에 어느 정도까지는 허용하되, 백일을 전후한 졸곡제를 기점으로 슬픔을 한 단계 넘어서라는 뜻을 담고 있다. 졸곡제부터는 아침저녁 사이에 슬픔이 일어도 곡하지 않도록 감정의 마디를 제시해 줌으로써 여전히 슬픔에 빠져 있을 수 있는 이들의 마음을 가다듬게 하고, 지금부터 망자와 만나는 시간이 복된 시간이기도 함을 깨우치게 하는 것이다.

졸곡제를 고비로 상주는 거친 밥을 먹을 수 있게 되나 "간장이나 소금이 없으면 밥을 먹을 수 없으니, 이는 먹어도 좋다."고 하였다. 밥을 먹되 넘길 수 있는 최소한의 간으로 반찬을 삼도록 한 것이다. 따라서 나물이나 과일과 같은 것은 여전히 먹을 수 없다. 잠자리 또한 이때부터 자리를 깔고 목침을 베고 잘 수 있게 된다.

이때부터 허용하는 상주의 몸가짐을 살펴보면 이전까지 어떤 것을 규제하였는지 알 수 있다. 졸곡제를 올리면서 무시곡을 그친다는 것은 곧 이전까지는 수시로 곡을 하여 상주의 마음과 도리를 표현해야 하였음을 알 수 있다. 또한 거친 밥을 먹을 수 있게 한 것은 이전까지 밥이 아닌 죽을 먹는다는 것으로, 이는 부모를 잃은 자식이라면 밥알이 목에 걸려 넘어가지 않을 것이라는 뜻을 유추하게 한다. 잠자리 또한 이전에는 깔 것과 벨 것 없이 맨바닥에서 잠을 잤음을 알 수 있다. 상주는 부모를 죽게 한 죄인이 되어 가장 거친 삼베로 남루하게 상복을 지어 입고, 음식과 잠자리 또한 최소한의 것으로 제한한 것이다.

② 소상(小祥)

임종 후 13개월째 되어 한 돌을 맞는 날이면 소상의 제를 지낸다. 이 시기부터 상서로울 '상(祥)'을 쓰면서 본격적인 길례로서의 의미를 담는다. 소상을 지내면서 아침저녁으로 올리는 조석곡을 그치도록 한 것과 같은 맥락이다. 1년 정도가 지났으면 슬픔을 거둘 때가 되었으니 울음을 멈추도록 제어해 주는 것이다. 다만 완전한 탈상 때까지 삼가야 할 일을 여전히 두면서 조금씩 규제를 풀어 조금씩 일상으로 돌아올 수 있도록 하였다. 따라서 이때부터 과일을 먹게 하였고, 상복 또한 이전과 달라진다.

상복은 남녀로 구분하여 각자 연복(練服)으로 갈아입는다. 연복이란 거친 명주로 지은 상복을 말하여, 이전까지 거친 삼베옷에서 명주로 재질이 바뀐 것이다. 또한 남자는 수질(首絰)을 벗고 부인은 요질(腰絰)을 벗도록 하였다. 수질은 머리에 두르는 띠이고 요질은 허리에 매는 띠로, 모두 칡이나 베등으로 만든 거친 질감의 것이다. 따라서 임종 후 1년까지는 상복으로 거친 삼베옷에 거친 수질·요질을 둘렀다면, 소상을 지내고부터는 이를 모두 벗고 소박한 명주옷을 입게 한 것이다. 또한 친소에 따라 이때부터 평상복을 입게 되는 이라 하더라도 비단의 무늬 옷은 입지 않도록 하였다.

③ 대상(大祥)

임종 후 25개월째 되어 두 돌을 맞는 날이면 대상의 제를 지낸다. 이 날은 임종한 지 3년째 접어들어 삼년상에서 벗어나 탈상하는 날이기도 하다. 이 시기의 의례 내용은 『가례』와 조금 달라지는데, 이는 『사례편람』 등 우리

예법에 『가례』에 없는 길제를 두었기 때문이다. 따라서 탈상의례이지만 신주를 정식으로 사당에 모시는 마지막 의례 절차는 길제에 두었다. 대상에서는 제사를 마치면 신주를 모셔 사당에 안치하고, 영좌는 철거하게 된다.

이때부터 상복에서 검소한 평복으로 갈아입고 상주로서 짚었던 지팡이인 상장(喪杖)은 잘라서 버리니, 이른바 탈상이다. 또한 상복은 반드시 벗는 날에 뜯어서 가난한 이에게 주거나 묘소를 지키는 이에게 주는 것이 옳은 법도라 하였다. 평복이라 해도 머리에 쓰는 것에서부터 옷과 신발에 이르기까지 모두 흰색으로 갖춘다. 이에 직령(直領)이라는 깃이 곧은 흰 도포에 흰 포대(布帶)를 두르고, 백립(白笠)을 쓰고, 백화(白靴)를 신으며 부인은 소복에 흰 신을 신도록 하였다. 음식은 젓갈류나 장류를 먹도록 하나 술과 고기는 여전히 금하여 완전히 일상으로 돌아온 것은 아니다.

④ 담제(禫祭)

대상을 지낸 뒤 2개월 째, 임종으로부터 27개월째 되는 날 담제를 지낸다. '고요하고 편안할 담(禫)'이라는 글자를 쓰듯이 평소의 상태로 돌아오기 위한 기점으로 삼는 제사이다. 평복의 색깔을 흰색에서 검은색으로 바꾸어 검은 장삼인 참포삼(黲袍衫)에 검은 갓인 참포립(黲布笠)을 갖추고, 흰 천의 각 띠 등을 사용하도록 하였다. 부인은 관을 쓰고 황·청·흑·백의 옷과 신을 신되, 금은보석과 같은 장식을 하지 않는다. 이때부터 입는 옷을 담복(禫服)이라 하는데 그 기본 뜻은 화려한 색깔을 제외한 소박한 옷을 나타낸 것이다.

담제를 지내면서부터 고기와 술이 허용된다. 일상으로 돌아온 것이나 마찬가지이지만 아직까지 화려한 옷과 장신구를 금하는 등과 같이 미세한 금기를 두었다. 대상에서 상례를 마칠 수 있지만, 다시 한 차례 유예기간을 둔 것이다. 2주기는 임종한 지 2년 째 되는 날 망자를 기리는 의례였기에, 이와 별개로 일상으로 돌아오기 위해 조금 더 근신하는 완충의 시간을 가지도록 한 셈이다. 실제 삼년상을 지냈던 서민들은 사당이 없어 신주를 모시지 않기 때문에 대상으로 탈상하였다.

⑤ 길제(吉祭)

담제를 지낸 다음 달의 삼순(三旬) 가운데 하루를 택하여 길제를 지낸다. 이 제사는 죽은 자에게도 산 자에게도 상례의 대단원이 막을 내리는 날이다. 이때 망자의 신주는 정식으로 사당에 들어가 조상과 나란히 자신의 자리를 잡음으로써 조상의 지위를 획득한다. 또한 4대에 걸쳐 모신 신주의 대수를 재편하여 조상신의 위계를 새롭게 세우는 절차로서의 의미가 있다.

모든 규정에서 벗어난 상주 또한 완전히 일상으로 돌아와 자신이 머물던 처소에서 옷과 음식의 구애 없이 살아가게 된다. 뿐만 아니라 조상신의 위계가 새롭게 재편되었듯이, 길제를 마침으로써 한 집안의 종손이 새롭게 세워져 부모의 대를 이어 집안을 이끌어 나가며 조상신을 모시게 된다.

지금까지 살펴본 것처럼 상례는 곧 산 자들의 도리를 실천하는 의례임을 절감하게 된다. 부모의 죽음과 동시에 일상에서 분리된 이들이 다시 일상으로 돌아와 정상적인 생활을 하기 위해서는 극복해야 할 통과의례가 따른다고 본 것이다. 이에 상주가 겪게 되는 혼란과 고통을 의례로써 제시하는 동시에, 점차적으로 이러한 혼란과 고통에서 벗어날 수 있도록 하였다. 부모의 죽음을 조금씩 기정사실로 받아들이게 될 자식의 자연스러운 심정에 입각해서, 슬픔의 정을 표현하는 예의 절차를 조금씩 줄여 일상의 삶으로 복귀하게끔 하려는 의도를 담고 있다.[28]

따라서 어느 무렵에 어느 정도까지 슬픔을 드러내야 함을 규정하면서도 점차 그 정도를 줄여나가도록 하였다. 무시곡에서 조석곡으로, 그리고 조석곡마저 그쳐야 할 마디를 둠으로써 예의 규제를 통해 슬픔을 통제하는 것이다. 초상 때 상주가 지켜야할 몸가짐 또한 죄인이 처한 상황과 다르지 않다. 일상의 삶에서 분리되어 거칠고 열악한 최소한의 의식주로 나날을 보내다가 단계적으로 지켜야 할 규제와 의식이 줄어들도록 조절하였다.

상복은 바느질을 성글게 하여 실밥이 드러나도록 남루하게 만든 '거친 삼베의 옷'에서 '거친 명주옷'으로, 명주옷에서 '흰색의 평복'으로, 흰색에서 다시 '검은색 평복'으로 갈아입고 마지막 단계에 색깔의 금지를 없애도록 하였다. 머리와 허리에 찬 띠를 떼어 내고 부모 잃은 슬픔을 의지했던 지팡이를 부러뜨림으로써 한 단계씩 상에서[喪] 벗어남[脫]을 드러내기도 한다. 그들의 식사는 처음에 '죽'이었고, 백일 정도가 지나서야 '간장·소금을 곁들인 거친 밥'을 먹고, 다시 '과일 등'을 허용한 다음, '젓갈과 장'에서 '고기와 술'에 이르기까지 먹을 수 있는 범주를 점차 넓혀 가도록 하였다. 아울러 『예기』에 "죽을 먹으면 주인과 주부 및 집안 노인은 병이 들 염려가 있으므로 임금이 명하여 밥을 먹게 한다."[29]고 했듯이 지나친 규제가 심신을 해하지 않도록 이를 중재할 수 있는 여지는 늘 둘 수 있도록 하였다.

상례는 일상으로 복귀하기 위한 단계적 치유이자, 그 과정에 필요한 것을 겪도록 하는 통과의례로서의 의미가 크다. 이러한 절차를 치르는 가운데 상주들은 경황없이 맞았던 죽음을 인식하고 경험하면서, 죽음으로 흐트러진 마음을 점차 회복하는 데 소중한 힘을 얻었을 것이다.

죽음도 삶도 아닌 듯

1. 차마 인정하지 못하는 죽음

전통 죽음의례는 망자의 죽음을 쉽사리 인정하지 못하는 마음으로 점철되어 있다. 이성적으로는 죽음을 인지하고 있지만 산 자들의 마음은 쉽사리 망자를 떠나보낼 수 없기 때문이다. 이러한 마음은 초상 때 더욱 강하게 마련이어서, 숨을 거두고 난 뒤에 죽음을 거부하고 되살아나기를 기대하는 몸짓이 따르는 것은 시대를 초월한 보편적 현상이다. 오늘날에도 마치 전통 상례에서 초혼(招魂)을 하듯이 망자의 이름을 외쳐 부르며 깨어나길 바라는가 하면, 의료진에게 되살려줄 것을 애원하기도 한다. 생물학적으로 죽음이 확인된 이후에도 미련을 떨치지 못하는 애절한 마음에 사로잡히는 것이다.

소생을 기원하는 현상들이 죽음에 따르는 본연적 몸짓이듯, 망자를 떠나보내는 죽음의례 속에서는 차마 죽은 자로 대하지 못하는 마음을 집중적으로 살펴볼 수 있다. 이러한 마음은 먼저 부모의 죽음을 알리는 부고(訃告)를 보낼 때 상주의 이름이 아닌 호상(護喪)의 명의를 사용하는 데서 찾아볼 수 있다. 죽은 자와 상주의 이름, 이들의 관계는 부고의 내용 속에 밝히고 보내는 자는 호상의 이름을 씀으로써 다른 이를 통해 간접적으로 부모의 죽음을 알리는 것이다.[30] 자식으로서 차마 자신의 이름으로 부모의 죽음을 알릴 수는 없다고 보기 때문이다.

상주들이 상복을 입는 것은 자연스러운 일이지만 이 또한 부모의 죽음을 인정하는 행위이기 때문에 쉽사리 받아들이지 못하였다. 따라서 '부모의 죽음을 차마 받아들이기 어렵기 때문에 급히 성복(成服)하지 않고 반드시 4일이 지난 뒤에 성복'하도록 하였다.[31] 이때 성복을 하는 것도 대렴을 마쳤기 때문이다. 망자의 몸을 염포로 싸서 묶고 입관함으로써 더 이상 죽음을 거부할 수 없는 상황에 이르러서야 상복을 입었던 것이다. 상복을 입기 전에 문상(問喪)을 받지 않는 것 또한 부모의 죽음을 정식으로 인정하지 않은 상태이기 때문이다.

관을 안치하는 곳을 빈소(殯所)라 부르는 데도 이러한 마음이 담겨 있다. '빈(殯)'이라는 글자에는 사체[歹]를 일정한 자리에 손님[賓]처럼 모신다는 뜻이 있다. 빈소를 하(夏) 나라에서는 동쪽 섬돌 위에, 은(殷) 나라에서는 동서의 양쪽 기둥 가운데에, 주(周) 나라의 경우 서쪽 섬돌 위에 설치했던 것도 이와 맥락을 같이한다. 주인이 동쪽 섬돌 위에서 손님을 맞이하면 손님은 서쪽 섬돌로 오르면서 주인에게 절했던 당시의 예법 아래에서, 자식은 돌아가신 부모를 여전히 주인으로, 또는 최소한 손님으로 모시지 않을 수 없었던 것이다. 이 역시 부모를 차마 사자로 여기지 못하는 효자의 마음에서 비롯된 것임은 물론이다.[32]

부모의 죽음을 기정사실화하지 못하는 이러한 마음들은 가능한 한 장례와 상례의 기일을 늦추고자 하는 데서부터 영적 존재를 설정하는 데 이르기까지 광범위한 영역에서 드러난다. 유교에서는 한 번 죽은 망자의 소생이란 있을 수 없고 사후 세계 역시 존재하지 않는다. 그러나 망자의 죽음을 확인한 후 혼을 부름으로써[招魂] 소생을 기원하는 행위, 죽은 이의 입속에 쌀과 조가비 등을 넣고[飯含] 생시처럼 옷을 입히며 무덤 속에 부장품을 넣는 등의 행위는 사후에도 영속되는 영혼의 존재나 삶을 강하게 연상시킨다. 그러나 이와 같은 일련의 행위를 유교에서는 '차마의 정신'으로 설명하고

있다.[33]

곧 급작스럽게 성복을 하지 않고 부고를 상주가 아닌 호상의 명의로 보내는 것과 마찬가지로, 부모의 죽음을 '차마' 기정사실화하거나 죽은 자로서만 대할 수 없기 때문이다. 반함에 대해 예서에서는 '차마 그 입이 비어 있게 하지 못하여 맛있고 깨끗한 물건으로 채우는 뜻'[34]이며, "차마 죽은 이의 입속을 비워 두지 못해서이지, 음식을 드시라는 뜻으로 그렇게 하는 것은 아니다. 그저 아름답고 깨끗한 물건을 입에 채운다는 뜻일 따름이다."[35]라고 하였다. 민간에서는 저승의 식량으로 여기며 이러한 풍습을 이어가고 있지만, 유교에서는 어디까지나 '차마의 정신'으로 설명한다. 고인의 텅 빈 입이 죽음의 생생함을 드러내는 듯하여 차마 비워 두지 못해 밥이나 구슬·동전 등으로 채운다는 것이다.

무덤 속에는 명기(明器)를 만들어 넣거나, 살아 있을 때 사용하던 것을 넣기도 한다. 이러한 풍습은 조선 시대에도 널리 행해져 『조선왕조실록』을 보면 전 시대에 걸쳐 명기를 사용하면서 이에 쓴 물목들이 다양하게 등장한다. 유학자들이 명기를 사용한 것은 사후 세계를 인정해서가 아니라 반함을 하는 의미와 다르지 않음을 유추해 볼 수 있다. 무덤을 차마 비워 둘 수 없고 차마 죽음으로서만 대할 수 없어, 마치 망자가 이를 사용할 것처럼 명기를 넣었을 것이다. 공자는 이러한 명기를 사용하는 데 대해 다음과 같이 말하였다.

망자를 보냄에 있어 죽은 자의 예로서만 대하는 것은 불인(不仁)한 일로 그래서는 안 된다. 또한 망자를 보냄에 있어 산 자의 예로서만 대하는 것은 지혜롭지 못한 일로 그래서는 안 된다. 그런 까닭에 부장품으로 쓰는 대나무그릇은 산 사람이 쓸 수 없는 것으로 만들며, 질그릇은 거칠고 광택 없는 것으로 하며, 목기는 다듬지 않은 것으로 하며, 거문고와 비파는 줄을 갖추되 탈 수 없게 하며, 우생(竽笙)은 모양은 갖추되 불 수 없는 것으로 하며, 종과 경쇠는 칠 수 없는 것으로 한다. 이러한 것들을 명기(明器)라 하는 것은 신명(神明)의 도로써 대하는 것이기 때문이다.[36]

죽은 자와 산 자는 서로 도리가 다르기 때문에 명기는 실제 산 사람들이 쓸 수 없는 것을 갖추도록 하였다. 명기란 곧 신명(神明)의 물건을 말하고, 신명하다는 것은 죽은 사람에 적용되는 말이다. 공자가 이러한 말을 한 데는 중요한 의미가 있다. 그는 망자가 산 사람의 기물을 쓰는 것은 순장(殉葬)에 가까워, 산 사람의 기물을 쓰다 보면 점차 사람을 쓰게 될 우려가 있다고 본 것이다.[37] 이는 고대사회에서 지배층의 죽음에 산 사람을 순장하는 풍습이 있었기에 이를 염려한 뜻이다. 따라서 그릇은 거칠거나 다듬지 않아 사람이 쓸 수 없는 것으로, 악기는 모양을 갖추되 연주할 수 없는 것으로 갖추어 산 자와 죽은 자의 도리를 분명히 구분하였다.

여기서 '망자를 보냄에 있어 죽은 자의 예로서만 대하는 것은 어질지 못한 일이고, 산 자의 예로써만 대하는 것은 지혜롭지 못한 일'이란 말은 죽음 의례를 치르는 옛사람들의 중요한 철학을 담고 있다. 공자가 위의 글에서 말하고자 한 핵심은 나중 구절인 "산 자의 예와 똑같이 대하는 것은 지혜롭지 못하다."는 데 있으나, 망자를 떠나보내는 남은 자들에게 무엇보다 중요한 것은 "죽은 자의 예로서만 대하는 것은 어질지 못하다."는 데 있다. 비록 생명은 끊어졌지만 차마 망자로만 대할 수 없는 것이 인간의 정과 도리라고 보았기 때문이다. 공자 또한 사람들의 이러한 마음이 지나치다 보니 산 자와 똑같이 대하는 데 대한 우려를 표명한 것이다.

이러한 '차마의 정신'은 죽음을 기정사실화하지 못하는 마음, 망자의 예로써만 대할 수 없는 마음뿐만 아니라, 부모상을 당한 자식이 지니는 극진한 슬픔의 정을 담고 있다. 특히 우리 문화에서 부모상을 당한 자식은 곧 부모를 죽게 한 죄인임을 자처하게 된다. 부모의 죽음은 자식을 키우고 뒷바라지 하느라 몸과 마음이 병들어 일어난 일로 여기기 때문이다. 죄인을 자처하는 데다 부모를 잃은 슬픔과 충격으로 차마 일상의 정상적인 차림새와 행위를 하기조차 힘이 드는 것이다.

이러한 마음을 고스란히 의례에 담아, 망자의 몸을 주검으로 다루는 수시(收屍)를 마치고 나면 상주는 죄인이자 경황없는 사람의 모습이 된다. 관과 웃옷을 벗고 머리를 푸는가 하면, 저고리 옷깃을 풀어 띠에다 꽂고 맨발이 되는 것이다. 평소의 옷을 벗고 머리를 푼 모습, 맨발에 저고리를 푼 옷깃을 허리에 꽂은 모습은 죄인의 형상이자 제정신이 있는 사람이라 여기기 힘들다.

소렴이 끝나면 다시 왼쪽 소매를 벗는다. 머리를 묶어 상투를 하되 삼베로 묶고, 여성들은 쪽을 틀되 대나무로 비녀를 삼는다.[38] 왼쪽 소매를 벗는 좌단(左袒)은 부친상일 경우이고 모친상일 때는 오른쪽 소매를 꿰지 않기에 이를 합하여 좌단우단(左袒右袒)이라 부른다.[39] 부모상을 당한 이로서 차마 온전한 정신으로 옷을 챙겨 입지 못하여 한쪽 소매만 꿰어 입을 정도로 경황이 없음을 드러내기 위함이다. 만 2년에 걸쳐 대상(大祥)으로 탈상할 때까지 지팡이를 짚게 한 것도 부모의 죽음에 차마 허리를 꼿꼿이 펴고 다닐 면목도 기력도 없음을 나타낸다.

제사 역시 조상과 만나는 복된[吉] 의례[禮]이면서도 삼가야 할[忌] 날[日]인 것은, 부모가 돌아가신 날에 평소와 같은 행동을 하는 것은 차마 인간의 도리가 아니기 때문이다. 계절마다 치르는 시제(時祭)나 명절 제사 등은 축제처럼 치렀지만, 기제사의 경우는 길례(吉禮)의 범주에 들어가더라도 행동거지를 삼갔던 것이다. 따라서 제사 전날에 재계(齋戒)하고, 당일에는 합당한 옷으로 갈아입은 다음 제사에 임했다. 뿐만 아니라 이날은 술과 고기를 먹지 않고 풍악을 듣지 않으며 검푸른 건과 흰 띠를 갖춘 채 지내다가 바깥채에서 잠을 잤다.[40] 이처럼 고기를 먹지 않고 채식으로 검박한 식사를 하는 행소(行素)의 예는 제사를 모시는 이의 중요한 지침으로 지켜졌다.

> 제사는 상례의 연장선상에 있는 것이므로 부모님의 기일을 당하여 쌀밥을 먹는 것은 차마 못할 일입니다. 옛날 길야은(吉冶隱: 吉再)은 이날이면 항상 거친 밥에 물만 마셨다고 합니다.[41]

부모 기일에 차마 쌀밥을 먹지 못하여 상중에 있는 것처럼 거친 밥에 물만 먹으며 슬픔을 달래는 이들 또한 드물지 않았다. 이렇듯 '차마 ~할 수 없는 마음'은 모든 죽음의례를 관통하는 정신이었다. 이러한 장치는 부모의 죽음을 인정하기 싫은 자식의 마음, 부모를 여읜 슬픔에 젖어 있는 자식의 마음을 위무하고 완화시켜 주는 데 중요한 역할을 했을 것이다.

2. 마치 존재하는 것처럼

대부분의 한국인들이 일상 속에서 망자의 존재감을 느끼게 되는 계기는 조상제사를 통해서이다. 죽은 조상을 대상으로 마치 살아 있는 이를 대하듯 치르는 의례를 통해 망자와 교류하는 체험이 가능하기 때문이다. 조상으로 등장하여 후손들과 관계를 유지하는 제사의 모습은 마치 살아 있는 어른을 대하는 듯하여 "제사를 지낼 때는 선조가 계신 듯이 한다(祭如在)."는 공자의 말을 실감나게 한다.

조상이 강림하면 절을 올리고, 제수의 뚜껑을 열어 음식과 술을 권하고, 골고루 드시라며 젓가락을 옮겨 놓고, 어른이 식사하는 것을 쳐다보는 것은 불경한 일이기에 밖으로 나가 식사를 마칠 때까지 기다린다. 아홉 술 정도 드실 수 있는 시간인 구식경(九食頃)이 지나면 세 번 기침을 한 후 비로소 문을 열고 들어가, 국을 내리고 물에 밥을 말아 숭늉을 만들어 권한다. 조상이 돌아갈 무렵에는 다시 절을 올려 전송한다. 이는 먼 곳에서 귀한 어른이 방문했을 때 식사를 대접하는 모습과 다를 바 없다. 망자의 신위를 모신 제상(祭床) 앞에서뿐만 아니라 망자의 오고 감을 드러내는 행위 또한 매우 사실적이다. 대문을 열어 놓고 빨랫줄을 걷는 등 망자가 마치 산 사람처럼 문을 통해 걸어 들어오는 모습을 상정하기 때문이다. 따라서 제삿날 조상신이 찾아온다고 믿는 사실이 제사를 지내는 가장 현실적인 이유이듯이, 의례 상황 속에서 망자의 강림은 기정사실화되어 후손들의 마음과 몸가짐을 지배한다.[42]

특히 제사를 시작할 때 강신(降神)으로 망자를 청하는데, 이때 망자의 강림이 어떤 식으로 이루어지는지 체계적으로 보여준다. 강신은 신위에 절을 함으로써 이루어지는 것이 아니라, 흩어진 혼(魂)과 백(魄)을 불러들여야 한다고 보아 이를 위한 특별한 의례를 행하는 것이다. 『예기』에서는 다음과 같이 말하였다.

제사는 하늘과 땅으로 돌아간 혼백을 찾는 것이다. 기름과 쑥을 섞어 태움으로써 그 향기와 불빛을 하늘로 올려 보내 혼(魂)을 부르고, 향초(香草)의 액을 섞은 술을 땅에 뿌림으로써 그 향기가 지하로 내려가 백(魄)을 부른다.[43]

사람이 죽으면 혼은 하늘로 올라가고 백은 땅으로 내려가는 것이기에, 제사를 지내기 위해서는 향을 살라 하늘의 혼을 부르고 술을 부어 땅속의 백을 부른다고 하였다. 혼백의 흩어짐이 죽음이었듯, 혼백이 통합됨으로써 망자를 온전히 모실 수 있다고 보는 것이다. 예로부터 술과 향은 그 신묘한 작용과 냄새로써 초월적 존재와 소통하는 매개체의 역할을 하였다. 향을 피우면 그 향기가 위로 올라가게 마련이고, 술은 땅으로 스며들기에 모래를 담은 모사(茅沙) 그릇에 부음으로써 그 향기가 땅속의 백을 깨우게 된다.

사당이 있는 집에서는 신주를 모시고 제사를 지내는데 신주에는 함중(陷中)의 양 옆에 작은 구멍을 뚫어 함중을 관통하도록 만들어 놓았다. 이 구멍을 규(竅)라 부르며 이를 통해 망자의 혼백이 출입할 수 있도록 해놓은 것이다.[44] 따라서 강신으로 청한 혼과 백이 제사를 지내는 동안 규에 머물다가 제사를 마치면 돌아가는 것이라 짐작해볼 수 있다. 신주가 곧 영혼이 깃든 신위이지만 다시 혼백이 드나들고 머무는 통로까지 만들어놓은 것이다.

조상이 거주하는 사당은 일상의 집 모양과 다르지 않고, 신주를 모시는 감실(龕室)도 집의 형태를 본뜬 가구의 형식으로 만들었다. 감실의 모양은 집안에 따라 조금씩 다르나, 한옥의 지붕과 기둥에 난간과 툇마루를 두고 창호까지 설치하기도 한다. 후손이 사당에 모신 조상을 대하는 모습 또한 집안에 살아 계신 어른을 뵙는 것과 다르지 않다. 집안의 특별한 날이 되면 가장 먼저 조상에게 알리고, 새벽마다 일어나면 어른께 먼저 문안 인사를 드리듯 조상을 알현하며, 나들이를 할 때도 떠남을 고하고 무사히 다녀왔음을 고한다. 새해 첫날이 되면 어른부터 순서대로 내려오며 세배를 올리는데, 차례는 이보다 먼저 지냄으로써 가장 웃어른인 조상에게 올리는 세배가 곧 차례임을 분명히 한다.

이렇듯 살아 있을 때 거주하던 집에서 생전과 같은 방식으로 후손과 만나며 산 자들의 일상 속에서 함께하는 조상은 사후에도 여전히 후손들의 삶속에 살아 있게 된다. 마치 조상의 사후 영혼이 찾아온 것처럼 맞이하고, 마치 살아 계신 이를 대하듯 일상의 인사를 올리고 제사를 지내는 의례의 모습에서 크게 두 가지 뜻을 찾아볼 수 있다.

첫째, 효와 조상 섬김을 극진히 행함으로써 산 자들의 도리를 바로 세우고 도덕적 심성을 생활화하려는 데 있다. 제사는 영적 존재와 교류하는 종교적 행위가 아니라, 효의 연장선상에서 망자도 조상신도 모시는 것이다. 따라서 이러한 공경과 배례를 할 수 있는 마음가짐은 그 대상이 마치 실재하는 것처럼 느껴질 때 더욱 커지게 마련이다. 연로한 노인이 되어서도 조상을 모실 때는 윗대의 살아 계신 어른을 대하듯 공경을 다하는 마음과 형식을 끊임없이 실천한다. 이러한 모습은 집안의 모든 가족과 어린 후손들에게도 자연스레 내재화되어, 대가 바뀌어도 죽은 조상과 살아 있는 후손의 만남은 지속되는 것이다. 사당은 죽은 자의 공간이므로 북쪽이나 눈에 잘 띄지 않는 곳에 세울 법도 하지만, 정침(正寢)의 동쪽에 세우는 것도 이렇게 조상을 공경하는 마음 때문이다.

그런데 이러한 제사와 일상에서 교감하는 조상은 '존재하는 것처럼' 만나는 존재이다. 이는 엄밀한 의미에서 '살아 있는 것처럼' 만난다는 말과는 구분된다. 살아 있다는 것과 존재한다는 것은 다르다. '존재한다'는 말에는 눈에 보이지 않지만 기운처럼 존재한다는 의미가 있기 때문이다. 이와 관련하여 이황은 다음과 같은 말을 남겼다.

> 상례 절차에서 '죽은 사람 섬기기를 마치 산 사람 섬기듯 하는 것[事死如事生]'
> 과, '망자 섬기기를 마치 존재하는 것처럼 섬기는 것[事亡如事存]'을 구별한다.
> 전자는 장사 지내기 전 부모님을 여전히 살아 계신 듯 섬기는 것이고, 후자는
> 매장하고서 반혼한 이후에 신도(神道)로 섬기는 것을 뜻한다.[45]

장례를 치르기 전까지 망자를 대하는 정신은 '마치 살아 계신 것처럼' 모시지만, 이후부터는 죽은 자의 도로써 '마치 존재하는 것처럼' 모시라고 하였다. 묘를 쓰기 전까지는 망자의 죽은 몸을 살아 있는 듯 여기고, 몸을 땅속에 묻고 난 뒤부터는 그 기운이 실재하는 듯 여기는 것이다. 따라서 장례까지는 슬픔과 비통이 위주가 되지만, 삼우제부터 탈상을 하기까지 점차적으로 슬픔에서 벗어나 지극한 공경의 예로써 교류하게 된다. 장례에도 변함없이 지극한 공경이 담겨 있고 상례와 제례에도 슬픔이 있으나, 그 강도로 봤을 때 슬픔은 조금씩 옅어지는 대신 공경이 남게 된다. 이때 슬픔이 옅어질수록 망자를 대하는 마음에 소홀함이 있을 수 있으나 후손과 감응하는 기가 존재하는 것으로 여긴다면 공경과 섬김의 마음은 이어질 것이다.

이렇듯 부모와 자식, 선조와 후손 간의 기의 감통은 상상적 공감을 통해 가능한 마음의 문제일 수 있다. 감격(感格)은 주지적 측면에서 이루어지는 것이 아니라 근본적으로 주체적인 인간 마음의 문제이며 일종의 종교적 체험의 문제이다.[46] 영혼관이나 내세관과 같은 종교적 믿음을 담보하지 않은 채 이러한 마음을 가장 잘 드러낼 수 있는 의례가 바로 제사이다. 전통적 유

교 관념 속에서 제사를 지내 온 많은 이들은 이와 같은 마음가짐으로 고인을 추모하기 위해 제사에 임하였을 것이다. 이때 조상에 대한 후손의 성의 있는 섬김은 복이 되고, 소홀히 여겨 외면하면 화가 된다는 생각 역시 섭리에 대한 믿음이라 할 수 있다. 이러한 생각은 조상의 기운이 후손에 영향을 준다는 관념으로 연계되고 명당 개념 등과 결합되면서, 조상제사는 현실의 행·불행에 영향을 미치는 요소로 발전되기도 했을 것이다.[47]

둘째, 망자의 존재감을 드러내기 위함이다. 혼백을 신주로 불러들이고 그 혼백이 신주에 머물며 제사를 받는 등의 설정은 "조상의 영혼이 와서 흠향한다."는 신묘한 현상을 구체적으로 설명하고 있어 사후에도 지속되는 영적 존재를 강하게 연상시킨다. 따라서 많은 이들이 제사에서 섬기는 조상신을 생전의 정체성이 이어진 사후 영혼 개념의 인격신으로 보면서, 유교에서도 사후 영혼이나 내세를 인정하는 것으로 여기기도 한다. 그러나 유교에서는 사후 영혼이란 연기[魂]와 재[魄]가 합쳐져 다시 불이 될 수 없는 것처럼 이치에 맞지 않는다고 보고 있어 일견 모순된 것으로 보인다.

생시와 동일하게 섬기는 경배의 대상이 마음의 문제만이 아님을 드러내는 것은 의례에서 매우 중요하다. 눈에 보이지 않는 존재의 가능성을 설정함으로써 의례에 임하는 이들의 마음가짐과 몸짓에 영향을 미치기 때문이다. 이에 유교적 생사관 내에서 후손과 감통할 영적 존재의 가능성을 최대한 부각시키는 것이다. 유교의 상·제례가 그토록 복잡한 이유 역시, 내세를 인정하지 않으면서 망자를 다시 현세로 맞이하는 생사혼성적(生死混成的) 인식으로 인해 수많은 상상적 사고와 절차를 동원할 수밖에 없었기 때문일 것이다.[48] 예와 방편이 어우러진 이러한 관점은 제사라는 의례를 통해 현실성과 지속성을 담보로 한 사후 존재의 영속성을 강화시키고 있다.

이러한 상징적 요소에도 불구하고 제사의 일상성은 종교적 체험을 상대적으로 빈약하게 만드는 요인이 된다. 제사는 초월적 존재와 교류하는 성직자에 의해 주도되는 것이 아니라, 일상의 인간들에 의해 일상의 공간에서 마치 일상의 삶을 재현하듯 의례를 치르기 때문이다. 따라서 "선조가 계신 듯이 제사를 지낸다."는 것은 망자의 존재감을 느끼는 효과뿐만 아니라 일상의 연장과도 통한다. 곧 제사에 내재된 신비 구도 역시 어디까지나 현실에 기반을 둔다는 점이 의례 체험의 핵심을 이루는 것이다. 따라서 제사에서 가능한 종교적 체험은, 성직자의 매개에 의해 영혼의 중요한 변화를 실감하는 넋굿이나 천도재와는 다른 차원의 것이라 하겠다.

죽은 자가 삶의 세계로 회귀하는 이러한 조상 관념의 배경에는 선조와 후손의 연계 원리가 핵심을 이룬다. 한 개체는 소멸해 가지만 그의 기를 이어받은 다음 개체가 끝없이 생겨나며, 의례를 통한 이들의 연계로써 죽은 자는 산 자들 속에 영원히 존재하는 것이다. 제사 정신을 관통하는 이러한 절대적 가치 또는 궁극적 질서는, 사후 존재의 영속성을 드러내는 요소들과 함께 유교의 종교성을 감지하게 한다. 사후에 계속되는 영적 존재를 가시화하고자 했던 제사의 방편적 요소들은 사후 존재의 영속성에 대한 인간의 종교적 욕구를 충족시키면서 지속되어 온 것이다.

제**6**장

국민장을 통해 본
현대 한국인의 죽음

오늘날 한국인의 죽음을 조망하는 일은 그리 쉽지 않다. 한 사회의 죽음의 인식은 주로 의례에 담겨 있게 마련이지만, 현대인의 죽음의례는 주검을 떠나보내기 위해 필요한 최소한의 시간과 의례로 획일화되었다. 이에 비해 무속·불교·유교의 중층적 사고는 여전히 죽음 인식의 토대를 이루고 있으며, 더불어 기독교의 생사관이 나란히 함께한 지 오래이다. 따라서 획일화되어 있는 듯한 현대인의 죽음의례도 각자의 종교적 방식으로 망자를 떠나보낼 뿐만 아니라 망자의 유체를 모시는 모색 또한 다변화되어 있다.

이러한 한국적 특성은 근래 전 국민과 세계인이 지켜보는 가운데 치른 두 전직 대통령의 국장(國葬)과 국민장(國民葬)에서 고스란히 살펴볼 수 있었다. 이는 2009년 5월에 사망하여 7일장으로 치른 노무현 전 대통령의 국민장과, 같은 해 8월에 사망하여 6일장으로 치른 김대중 전 대통령의 국장이다. 일반인의 죽음이 아니기에 오히려 한국적 죽음의례의 복합적 특성이 뚜렷이 드러난 바 있어, 노무현 전 대통령의 국민장을 통해 한국적 죽음의례의 한 단면을 살펴보고자 한다.

국민장은 크게 빈소의식·발인제·영결식·안장식으로 진행된다. 당시 빈소는 전 대통령의 사저가 있는 경북 봉하마을에 마련되었고, 발인제를 마친 다음 서울로 올라와 경복궁 앞뜰에서 영결식을 치렀다. 이때 불교·개신교·천주교·원불교 등 4대 종교에서 각기 다른 의식을 나란히 펼침으로써 어느 나라에서도 보기 힘든 다종교 복합적 한국 문화의 특성을 보여주었다. 불교 의식으로는 대한불교조계종 승려들이 영가기도 축원과 반야심경을 독송하였고, 개신교의 경우 한국기독교교회협의회 목사의 기도와 성가대의 노래가 따랐으며, 천주교는 고인에게 영세를 주었던 신부가 성수를 뿌리고 향을 올리는 고별식을 집행하였고, 원불교는 교구장이 성주와 천도축원문으로 의식을 진행하였다. 이어 서울광장에서 노제(路祭)를 치르고 화장을 하기 위해 수원시 연화장으로 이동하였는데, 2시간 정도 화장을 진행하는 동안 승화원 밖에서는 다시 4대 종교의 의식이 이어지면서 고인의 마지막 가는 길을 애도하였다. 화장을 마친 후 유골함은 곧바로 안장되지 않고 사십구재를 치르게 될 봉화산 정토원 법당에 임시로 안치되었다.

이후 사망한 지 49일째 되는 날 사십구재를 마친 다음, 그동안 법당에 안치해 놓았던 유골을 봉화산 아래에 모시는 안장식이 거행되었다. 본래 국민장의 마지막 날 고인의 묘를 조성하거나 유골을 모시는 안장식을 치르게 되지만, 당시 유골을 봉안하지 않았기 때문에 49일이 지난 후 국민장의 연장선상에서 정부 주도의 안장식을 치르게 된 것이다. 안장식 역시 4대 종교의 의식이 따르는 가운데 영결식에 준하는 규모로 행해졌고 이로써 공식적인 국민장이 마무리된 셈이다.

이처럼 일반인의 장례에서 볼 수 없는 여러 종교의 의식을 치른 것은 국장·국민장이 범국가적 의례이기 때문에 가능하면 많은 국민이 자신의 믿음 속에 고인의 죽음을 애도하고 추모할 수 있도록 배려한 것이다. 관련법에는 '망자가 종교인일 경우에는 기본적으로 해당 종교의식을 반영할 수 있으며 유족이 원할 경우 특정 종교의례를 생략할 수 있도록' 하고 있다.[1] 다

종교 사회의 국민 정서를 감안하여 대표적 종교의식을 모두 행하되, 망자가 특정 종교의 신자일 경우 종교적 색채를 보다 심도 있게 드러낼 수 있도록 한 셈이다. 그러나 국가 행사로 전개되는 국장·국민장에서 특정 종교의 색채를 짙게 드러내는 것이 바람직하지 않다는 사실은 암묵적 전제에 속한다. 따라서 고인이 특정 종교의 독실한 신자로 타 종교에 배타적 입장을 취하는 경우가 아니라면, 전 국민이 신앙하는 여러 종교를 포용하는 가운데 의식을 진행하는 것이다.

국가 행사로 국민장을 치르는 한편, 정토원 법당에서는 고인의 영정·위패와 유골을 모시고 사십구재가 진행되었다. 7일장을 마치고 봉하마을로 유골이 내려오던 날 그의 영혼을 달래는 진도씻김굿이 펼쳐졌으며, 밤에 유골이 도착하자 마을 입구에서부터 혼백(魂帛)이 앞서고 위패가 그 뒤를 따르는 가운데 승려들과 함께 가족 친지가 행렬을 이루어 정토원으로 향하였다. 7일장이었기 때문에 입재에 이어 같은 날 초재를 치렀는데, 이때 영단(靈壇)에는 영정과 함께 위패와 혼백이 봉안되었다.

2재를 치르는 날에는 부엉이바위 아래 공터에 재단(齋壇)을 차려 놓고 고인의 넋을 달래는 진혼 의식이 먼저 거행되었다. 두 승려가 목탁과 위패를 들고 고인이 사망한 지점에서 영혼을 달래는 의식을 가진 후 재단으로 돌아와 염불로써 극락왕생을 기원하였으며, 불교의례에서는 술과 고기를 쓰지 않지만 고인에게 막걸리가 올려졌다. 2재를 치를 때 영단에는 고인의 상징물로 초재 당시의 영정·위패·혼백에 종이 신주(지방)가 추가되었다. 이후 3재에서 7재까지 치르는 가운데 언제부터인가 영단에는 고인이 저승에서 사용할 인쇄된 노잣돈이 놓여 있었다. 마지막 7재에서는 종이 위패를 연꽃 받침대 위에 태극기와 봉황을 새긴 나무 위패로 바꾸었고, '원적제십육대대통령(圓寂第十六代大統領)'을 중심으로 우측에 '행효자건호복위(行孝子建昊伏位)', 좌측에 '노무현 영가(盧武鉉 靈駕)'라 적었다. 천원지방(天圓地方)을 상징하여 위는 둥글고 아래는 모나게 만든 지방에는 '현고대통령부군신주(顯考大統領府君神主) 효자건호봉사(孝子建昊奉祀)'라 적었고, 나무 상자에 담긴 혼백은 삼베로 보이는 천을 길게 접은 후 색실로 묶은 모습이었다.

그런데 사십구재를 지내는 영단에 고인의 영정과 위패뿐만 아니라, 유교 의례에서 쓰는 지방과 혼백이 함께 올라간 것은 유례를 찾기 힘든 풍경이다. 특히 위패가 고인의 신위(神位)임에도 불구하고 지방과 혼백을 거듭 놓은 점은 이해하기 힘들다. 이러한 시도는 결국 국민장이 4대 종교의식을 모두 따랐던 점과 같은 맥락으로 연결되는 것임을 알 수 있다. 사십구재로써 고인의 상례를 치르고 있지만 불교 신자만이 아니라 국민과 함께하는 의례임을 고려한 것이다. 진혼 의식을 불교의례로 지내면서 막걸리를 올릴 수 있는 것도 고인의 빈소에 한 잔의 술을 올리는 국민적 정서가 우선된 셈이다.

아울러 사십구재를 지낼 때까지 혼백이 남아 있는 것 또한 보기 드문 사례이다. 혼백은 주검을 떠난 영혼이 머무는 곳을 상징한 물체로, 염습 후 혼백을 만들어 모시다가 장례를 치르고 반곡한 날 땅에 묻는 것이 관례이다. 혼백은 육신을 매장하기 전까지 망자를 상징하는 것이고, 매장 이후부터는 신주가 망자를 상징하게 되기 때문이다. 따라서 탈상에 해당하는 사십구재까지 영단에 혼백을 올려놓은 것은 아직 유골이 안장되지 않았기 때문에 혼백 역시 처리하지 않은 것이라 하겠다.

또한 7일에 걸친 국민장이 종결된 뒤에도 많은 국민들은 그의 죽음의례가 거국적으로 진행 중인 것이라 여기고 있었다. 이는 정토원뿐만 아니라 전국의 여러 사찰에서 사십구재를 동시에 열면서 그의 죽음이 끊임없이 회자되었기 때문이다. 이러한 국민적 공감의 배경에는 그의 죽음이 지니는 의미가 크게 작용하였음은 물론이고, 따라서 자신의 종교와 무관하게 '49일에 걸쳐 전 대통령의 상례를 치른다'는 데 대한 국민적 공감의 폭이 그만큼 넓었음을 실감할 수 있었다.

전통 시대에는 왕이 죽으면 '국상(國喪)'을 치르면서 백성이 함께 상중에 드는 제도가 있었지만, 현대사회에서는 대통령의 죽음이라 하더라도 국민과 함께하는 공적 의례는 장례가 중심이 되고, 탈상의례는 일반인과 동일하게 가족·친지와 더불어 개별적으로 행하는 것이 관례이다. 왕을 국부(國父)로 여기던 군주주권사회가 해체되면서 국민이 함께 탈상하는 개념이 사라졌기 때문이다. 따라서 전·현직 대통령의 죽음인 경우에도 국상(國喪)·국민상(國民喪)이 아닌 국장(國葬)·국민장(國民葬)으로 치르면서, 전 국민이 함께 애도하는 기간을 일반적인 3일장에서 7일장~9일장까지로 확대하고, 1주기 등에 추모 행사를 하는 정도의 차원에 머물게 된 것이다. 따라서 국장·국민장 등의 개념은 현대인의 상례 문화가 축소된 현상과 무관하게 왕권사회에서 근대사회로 전환되는 과정에 자연스럽게 수용·정착된 것임을 알 수 있다.

따라서 노무현 전 대통령의 사례는 근대사회로 전환된 이래, 주검 안치에 초점을 맞추어 국장 또는 국민장 등의 장례로 치러 온 전·현직 대통령의 죽음의례가 최초로 자율적 상례를 통해 치러진 전례를 남긴 셈이다. 이처럼 국가 주도의 장례로 마무리된 전 대통령의 죽음의례가 민간 주도의 상례로 이어질 수 있었던 데는 사십구재라는 불교 천도재가 큰 몫을 담당하였음은 주지의 사실이다.

이러한 현상은 오늘날 한국인의 죽음에 대해 많은 생각을 하게 한다. 전

대통령의 죽음이 특별한 것이었다 하더라도, 모든 죽음은 회한과 슬픔을 지니고 있으며 죽은 자의 영혼을 위무하고 남은 자의 슬픔을 달래는 기제가 절실한 사건이라는 점에서는 다르지 않다. 그런데 현대 한국인에게는 이러한 시스템이 마련되어 있지 않다. 죽음은 남은 자들에게 이를 수용하고 정리하기 위한 시간과 의례적 장치가 필요한 궁극적 사건이지만, 탈상 기간의 축소에서 알 수 있듯이 현대인의 삶은 이러한 마음을 자율적으로 실천하기 힘든 모순적 상황에 놓여 있는 것이다. 따라서 죽은 자와 산 자를 위한 의례가 사라진 오늘날, 불교 신자가 아닐 뿐만 아니라 선대에 사십구재를 치른 적이 없는 이들이 탈상을 위해 사찰을 찾는 사례가 늘어나고 있다.

특히 사십구재가 불교의례이면서도 전통의례라는 더 큰 개념으로 자리하게 된 데는 역사성뿐만 아니라 의례가 지닌 특성 및 사회적 맥락과 깊이 관련되어 있다. 사십구재는 한국인의 종교적·사상적 기반을 이루어 온 무속과 유교의 죽음의례와 깊이 연계되어 있다. 망자가 생전에 남긴 문제를 풀어주는 넋굿의 해원(解冤) 기능을 지니고 있을 뿐만 아니라, 신위를 모신 채 음식을 올리고 절을 하며 민간의 제사와 다르지 않은 의례 기반을 지니고 있는 것이다. 또한 대부분의 의례는 1회의 실행으로 목적을 달성하게 되지만, 사십구재는 임종 후 매 7일마다 일곱 번의 의례를 통해 마무리됨으로써 남은 자들의 마음을 안정적으로 승화시키는 데 중요한 작용을 하는 것으로 여겨진다.

이처럼 현대 한국인의 죽음은 각자의 개별적 사건으로 남겨진 가운데, 여전히 다종교 복합적 특성을 지니고 있다. 이때의 '다종교적'이란 각자의 종교적 방식으로 망자를 떠나보낼 뿐만 아니라, 죽은 자의 문제를 해결하여 보다 좋은 곳으로 보내 주고 조상신처럼 섬기는 중층적 전통 생사관이 여전히 실천되고 있음을 내포한다. 종교와 무관하게 '종교적' 방식으로 죽은 자를 떠나보내는 한국인의 심성은 삶 속에서 죽음의 존엄함을 실천하고자 하는 노력이기도 하다.

후기를 대신하여

생사 이야기 1 : 공덕녀와 흑암녀

옛날 어느 거부 장자의 집에
보석으로 치장한 아름답고 기품 있는 한 여인이 찾아왔다.
장자는 하늘에서 선녀가 내려온 듯 눈부신 자태에 넋을 잃었다가
이윽고 정신을 차려 부드러운 목소리로 물었다.

"그대는 누구십니까?"
"공덕녀(功德女)라 하옵니다."
"무엇을 하는 분이십니까?"
"소녀에게는 묘한 재주가 있어
저를 보는 사람은 모두 기분이 저절로 좋아집니다.
또한 저와 함께 있으면 재물이 모이고 수명이 늘어나며
하는 일마다 운수대통하게 되지요."

그토록 아름다운 미모에 재물과 건강과 행복까지 안겨주는 여인.
장자는 크게 기뻐하며 함께 살 것을 간청하였다.

"제게는 결코 떨어질 수 없는 동생이 하나 있습니다.

그 동생까지 함께 받아주신다면 말씀을 따르도록 하지요."

"낭자의 동생이라면 앞을 못 보는 장님인들 내 어찌 마다하리요!"

말이 끝나기 무섭게 문이 열리면서 한 명의 여인이 들어왔다.

그런데 이 어찌된 일인가.

그녀는 모든 것이 언니와 믿을 수 없을 정도로 정반대였다.

거무튀튀한 피부, 흉측하게 일그러진 얼굴,

흘러내리는 콧물과 눈물, 때와 먼지로 범벅이 된 남루한 차림새….

쳐다보기조차 힘든 추녀 중의 추녀였다.

장자는 너무 놀라서 뒤로 물러서며 외쳤다.

"도대체 그대는 누구시오!"

"저는 흑암녀(黑暗女)라 하옵니다."

"그대 이름은 어찌 그리 이상하오? 대체 무엇을 하는 사람이오?"

"소녀에게는 묘한 재주가 있어

저를 보는 사람은 모두 기분이 좋다가도 나빠지게 됩니다.

또한 저와 함께 있으면 부유한 자가 가난해지고 수명이 줄어들며

하는 일마다 재수가 없어지지요."

장자가 기겁을 하며 문밖으로 쫓아내려 하자 흑암녀가 말했다.

"저기 서 있는 분이 바로 제 언니입니다.

언니가 이 댁에 온 것이 그대를 위한 것이듯

저 또한 그대를 위해 여기에 온 것입니다.

언니와 저는 무슨 일이 있어도 같이 다녀야 하기 때문에

저를 내쫓는 것은 언니를 내쫓는 것과 같은 것입니다."

장자는 믿을 수가 없어 공덕녀에게 물었다.

"흑암녀라는 저 여인이 진정 그대의 동생입니까?"

"그렇습니다. 우리 자매는 항상 같이 다닐 수밖에 없습니다.

그러니 제 동생도 함께 사랑으로 받아주시기 바랍니다."

"언니는 행복을 주고 동생을 그것을 빼앗아가는 자매.

행복과 불행을 동시에 사랑해야 한다니!

나는 그것을 결코 받아들일 수 없소."

장자는 결국 공덕녀까지 포기하고 말았다.

여기서 공덕녀는 삶과 행복, 흑암녀는 죽음과 불행의 비유입니다. 사람들은 삶과 행복만을 보려할 뿐 죽음과 불행에 대해서는 생각하려고 하지 않습니다. 그러나 손등과 손바닥의 관계처럼 삶에는 고통이 따르고 마지막이 있게 마련입니다. 삶과 행복은 죽음과 불행을 도피함으로써 얻게 되는 것이 아니겠지요.

세상은 오직 마음의 조화이고, 모든 현상은 분별심이 만들어낸 것입니다. 마음 밖에 다른 법이 없으니, 흘러 떠내려가는 삶에서 벗어나 진정한 내면의 소리에 귀 기울이는 참자유인이 되어야 할 것입니다.

생사 이야기 2 : 한 평의 땅

어느 고을에 현명한 태수가 있었다.

그런데 주위 신하들이 늘 욕심을 버리지 못한 채

재물에 연연해하는 것을 보고

하루는 수백 명의 신하들을 모두 불러 모았다.

"너희들은 지금보다 더 많은 부(富)를 갖기를 원하느냐?"

"예!"

"그럼 너희들에게 내가 가진 땅을 나눠주기로 하겠다.

내일 하루 동안 너희들이 달려서 재어온 만큼의 땅을

각자에게 나눠줄 것이다.

단, 해가 뜬 뒤 출발하여 반드시 해가 지기 전에 돌아와야 한다."

다음날 새벽, 해가 뜨자마자

모두들 한 치의 땅이라도 더 차지하기 위해 죽을힘을 다해 뛰었다.

오후가 되자 갖가지 사태가 발생하였다.

처음부터 너무 기를 쓰고 달려 기진맥진하여 쓰러진 사람들,

너무 많이 달려가서 해가 지기 전에 돌아오기엔 어림도 없어

포기하고 맥없이 앉아 있는 사람들,

서로 자기가 잰 땅이라고 싸우며 해가 기울어가는 것도 모르는 사람들….

그 와중에 해가 지기 직전에 돌아온 한 사람이 있었다.

마을사람들은 모두 박수를 치며 환영하였지만

그는 결승점을 통과하자마자 쓰러져서 일어나지 않았다.

하루 종일 조금도 쉬지 않고 달렸기 때문에 죽고 만 것이다.

슬픈 눈으로 쓰러진 신하를 바라보던 태수는 말했다.

"약속대로 그에게 땅을 주도록 하라."

그러나 그 신하 자신이 차지한 땅은 고작 한 평,

스스로가 묻힐 자리였다.

과연 우리는 무엇을 위해 살아가고 있을까요. 죽은 뒤 나에게 필요한 것은 한 평의 묻힐 자리밖에 더 있겠습니까. 인간은 행복하기 위해 재물을 추구합니다. 그러나 정작 재물에 대한 욕심 때문에 불행해지는 경우가 더 많습니다. 빈손으로 왔다가 마침내 빈손으로 가는 인생이거늘, 헛되고 허망한 욕심을 채우기 위해 한 치 앞을 내다보지 못하며 살아서야 되겠습니까.

'조금 더, 조금 더'를 외치며 앞으로만 나아가지 말고, 해가 서산으로 기울고 있다는 사실도 기억하면서 스스로의 삶이 꿈속의 삶이 아닌지 돌아볼 줄도 알아야 할 것입니다. 진정 행복한 삶을 이루고자 한다면 마음공부에 게으르지 않아야 할 것입니다.

생사 이야기 3 : 사면초가에서의 꿀맛

한 사람이 끝없이 펼쳐진 벌판을 걸어가고 있었다.

벌판의 풍경은 평화로운 듯하면서도

묘한 분위기를 풍기고 있었는데

그때 갑자기 사방에서 코끼리 한 마리가 그를 향해

미친 듯이 달려오는 것이 아닌가!

정신없이 도망을 치다보니 눈앞에 커다란 나무가 나타나

나무 위로 황급히 올라갔다.

코끼리는 나무 주위를 맴돌며 그가 내려오기만을 기다렸다.

오래 있자니 배도 고프고 목도 말라 탈출할 방법을 찾는데

나무에 얽혀 있는 칡덩굴이 나무 아래의

크고 깊은 우물 속으로 드리워져 있는 것이 보였다.

갈증을 참을 수 없어 위험을 무릅쓰고

칡덩굴에 매달려 우물 속으로 들어갔다.

그런데 우물 밑을 보니

그 속에는 이무기 세 마리가 커다란 입을 벌린 채

그가 떨어지기를 기다리고 있었고

우물 안 벽에는 독사 네 마리가

그를 노려보며 혀를 널름거리고 있었다.

우물 밖에는 미친 코끼리,

아래에는 세 마리의 이무기와

네 마리의 뱀이 그를 노리고 있는데

칡덩굴을 잡은 팔에는 점점 힘이 빠지기 시작한다.

그런데 위를 보니 흰 쥐와 검은 쥐가

교대로 칡덩굴을 한 가닥씩 갉아먹고 있는 것이 아닌가!

'이젠 죽었구나' 생각하며 온몸에 힘이 빠지는데
그때 갑자기 입 속으로 달콤한 액체 한 방울이 떨어졌다.
이리저리 살펴보니 칡덩굴 사이에 쳐놓은 벌집에서
꿀방울이 똑똑 떨어지는 것이었다.
꿀은 모든 것을 잊게 하였다.
달콤한 꿀방울을 받아먹는 재미에
두려움도 잊어버린 채 매달려 있었다.

인생을 벌판과 나무와 우물과 칡덩굴로 엮어서 만든 '안수정등(岸樹井藤)'
이라는 이야기입니다. 끝없이 넓은 벌판에 태어나 죽음을 향해 가는 인생
살이. 그곳에는 생로병사의 불길이 사방으로부터 끊임없이 불어오고, 무상
의 살귀(殺鬼)인 미친 코끼리는 특정한 때를 가리지 않습니다.

코끼리를 피해 올라간 나무는 인간의 몸, 아래의 우물은 죽음, 칡덩굴은
목숨입니다. 죽음을 향한 몸이 칡덩굴에 의지하여 잠시 목숨을 부지하고
있지만, 탐욕과 분노와 어리석음의 삼독(三毒)은 세 마리의 이무기가 되어
입을 벌리고 있고, 지수화풍(地水火風)의 네 마리 뱀은 죽은 뒤 몸의 기운을
회수해 가기 위해 기다리고 있습니다. 더욱이 해와 달을 상징하는 흰 쥐와
검은 쥐는 번갈아가면서 세월을 갉아먹는 것이 아닙니까.

그렇지만 오욕락(五慾樂: 재물욕, 색욕, 식욕, 명예욕, 수면욕)의 꿀물은 달콤합니
다. 무상이 눈앞에 가득하지만 달콤한 꿀 한 방울 받아먹는 재미로, 생사를
뛰어넘는 인생의 참 공부를 팽개친 채 죽어가는 것입니다.

참고문헌

『高麗史』   『論語』
『論語集註』   『大典會通』
『東國歲時記』   『東史綱目』
『磻溪隧錄』   『四禮便覽』
『三國遺事』   『三國志』
『三峯集』   『隋書』
『燃藜室記述』   『禮記』
『牛溪集』   『朝鮮王朝實錄』
『朱子家禮』   『朱子語類』
『退溪全書』   『後漢書』

고려대학교 민족문화연구원, 2001, 『한국민속의 세계 9: 민간신앙·기타신앙』.

고부자, 2005, 「민속조사에 나타난 壽衣의 과거, 현황과 과제」, 『비교민속학』 30, 비교
　　민속학회.

구미래, 2008, 「한국불교 천도재의 중층적 위상」, 『역사민속학』 28, 한국역사민속학회.

구미래, 2009, 『한국인의 죽음과 사십구재』, 민속원.

구미래, 2010, 「불교적 관점에서 본 공론화된 죽음에 대한 의례」, 『불교학보』 54, 불교문
　　화연구원.

구미래, 2012, 『한국불교의 일생의례』, 민족사.

구미래, 2014, 『나 그리고 우리를 위한 복짓기』, 아름다운 인연.

국립문화재연구소, 한국금석문종합영상정보시스템(http://gsm.nricp.go.kr/_third/user/
　　main.jsp)

국립민속박물관, 1982, 『산청 전주최씨 고령댁 상여 실측조사보고서』.

국립민속박물관, 2009, 『한국민속신앙사전: 무속신앙 편』.

금장태, 2003, 「유교의 종교성과 유교·천주교의 교류」, 『종교와 문화』 9, 서울대학교 종
　　교문제연구소.

김기현, 1999, 「儒敎의 喪葬禮에 내재된 삶과 죽음의식」, 『退溪學報』 104.

金斗鍾, 1981, 『韓國醫學史』, 探求堂.

김만태, 2008, 「한국인의 삶에서 수연례(壽宴禮)가 갖는 의미 분석」, 『실천민속학연구』

12, 실천민속학회.

김미영, 2010, 『유교의례의 전통과 상징』, 민속원.

金西浦, 1942, 「尹氏行狀」, 『대동아』 14권 3호.

金時德, 2007, 「韓國 儒敎式 喪禮의 硏究」, 高麗大學校 大學院 文化財學科 博士論文.

김열규, 1989, 「민속과 민간신앙에 비친 죽음」, 『죽음의 사색』, 서당.

김용선, 2012, 『역주 고려 묘지명집성: 상·하』, 한림대학교 출판부.

동봉정휴, 2003, 『일원곡』 권7, 대한불교조계종 우리절.

동학농민혁명 자료총서, 1895, 「선봉진정보첩」.

로저 자넬리·임돈희, 2000, 『조상의례와 한국사회』, 김성철 역, 一潮閣.

柳仁熙, 1992, 「유가철학: 인간적 문화에서의 영생」, 『죽음이란 무엇인가』, 도서출판 窓.

文化財管理局, 1979, 「서울의 平生儀禮」, 『韓國民俗綜合調査報告書: 서울편』.

박종기, "망자의 아름다운 행적 기리는 기록문화 정수: 묘지명(墓誌銘)", 「중앙SUNDAY」 338호, 중앙일보사, 2013. 9. 1.

박주리, 2012, 「한국 저승사자 연구」, 한양대학교대학원 문화인류학과 석사논문.

裵永東, 1992, 「朝鮮時代 誌石의 性格과 變遷」, 『朝鮮時代 誌石의 調査硏究』, 溫陽民俗 博物館.

서성호, 2006, "역사의 편지, 고려 묘지명", 국립중앙박물관 「다시 보는 역사 편지, 고려 묘지명」 전시자료.

서울새남굿보존회편, 1996, 『서울새남굿 신가집』, 조흥윤 감수, 문덕사.

손태도, 2004, 「상여의 악공, 광대 꼭두들에 대한 연구」, 『역사민속학』 19, 한국역사민속 학회.

安震湖 篇, 2001, 『釋門儀範』, 韓定燮 註, 法輪社.

에드가 모랭, 2000, 『인간과 죽음』, 김명숙 옮김, 東文選.

유권종, 2001, 「한국에서의 상례문화의 전개」, 『유교사상연구』 15, 한국유교학회.

유의양, 1999, 『후송 유의양 유배기 남해문견록』, 최강현 역주, 신성출판사.

이경식, 2011, 『미쳐서 살고 정신 들어 죽다』, 휴먼앤북스.

이광규, 1977, 「동족집단과 조상숭배」, 『한국문화인류학』 9, 한국문화인류학회.

이욱, 2001, 「朝鮮前期 冤魂을 위한 祭祀의 변화와 그 의미: 水陸齋와 厲祭를 중심으로」, 『종교문화연구』 3, 한신인문학연구소.

이욱, 2002, 「제사의 종교적 의미에 대한 고찰」, 『儒敎思想硏究』 16, 韓國儒敎學會.

이은봉, 2000, 『한국인의 죽음관』, 서울대학교출판부.

이은주, 2001, 「이연응 묘의 출토복식에 대한 고찰」, 『전주이씨 묘 출토복식 조사보고 서』, 경기도박물관.

임기중, 2001, 『불교가사연구』, 동국대학교출판부.

임재해, 1990, 『전통상례』, 대원사.

임재해, 1995, 「장례 관련 놀이의 반의례적 성격과 성의 생명상징」, 『비교민속학』 12, 비교민속학회.

임재해, 1999, 「설화문화학적 관점에서 본 제사문화와 제례의 민중적 인식」, 『제사와 문화』, 안동대학교 민속학연구소.

장석만, 2007, 「나무꼭두 입문: 나무꼭두의 성격과 분류」, 『한국의 나무꼭두』, 옥랑문화재단.

張哲秀, 1995, 『韓國의 冠婚喪祭』, 집문당.

정민, 2014, 『18세기 한중 지식인의 문예공화국』, 문학동네.

鄭鍾秀, 2000, 「喪輿考」, 『생활문물연구』 1.

정종수, 2005, 「남은들 상여」, 『문화재대관: 중요민속자료1. 신앙·생활자료』, 문화재청.

정진홍, 1986, 『한국종교문화의 전개』, 집문당.

趙東一, 1979, 啓明大學校出版部, 『敍事民謠研究』, 증보판.

조흥윤, 1997, 『巫: 한국 무의 역사와 현상』, 민족사.

주강현, 2001, 「한국무속의 생사관」, 『동아시아 기층문화에 나타난 죽음과 삶』, 한림대학교인문학연구소.

임민혁 옮김, 1999, 『주자가례』, 예문서원.

중부기독상조회, 『장례예식서』.

崔吉城, 1989, 「日本葬禮의 比較民俗學的 考察」, 『比較民俗學』 5, 比較民俗學會.

崔吉城, 1991, 『韓國의 祖上崇拜』, 예전, 증보판.

최재석, 1985, 「신라시대의 葬法과 喪制」, 『人文論集』 30, 高麗大學校 文科大學.

崔鍾成, 1995, 「진오귀굿 薦度祭次의 연속성 연구:신화와 제의의 관계를 중심으로」, 서울대학교 종교학과 석사논문.

최진덕, 2000, 「『주자가례』와 죽음의 유학적 이해」, 『정신문화연구』 80, 한국정신문화연구원.

한국정신문화연구원, 1991, 『한국민족문화대백과사전』.

한국종교민속연구회, 2005, 『종교와 조상제사』, 민속원.

홍윤식, 1991, 『영산재』, 대원사.

2장 삶과 더불어 준비하는 죽음

1 『三國志』魏書, 「烏丸鮮卑東夷傳」, '高句麗'.

2 『後漢書』, 「東夷列傳」, '高句麗'.

3 『英祖實錄』英祖 52年(1776) 3月 5日(丙子).

4 『肅宗實錄』肅宗 30年(1704) 9月 10日(丁丑).

5 金西浦, 「尹氏行狀」, 『대동아』 14권 3호(1942. 3. 1).

6 고부자, 「민속조사에 나타난 壽衣의 과거, 현황과 과제」, 『비교민속학』 30, 비교민속학회, 2005, 334쪽.

7 『燃藜室記述』別集 卷2, 「祀典典故」 '國喪'.

8 동학농민혁명 자료총서 「선봉진정보첩」, 개국 504년(1895) 정월 14일.

9 이은주, 「이연응 묘의 출토복식에 대한 고찰」, 『전주이씨 묘 출토복식 조사보고서』, 경기도박물관, 2001, 264~265쪽, 307쪽.

10 고부자, 앞의 글(2005), 345쪽.

11 김열규, 「민속과 민간신앙에 비친 죽음」, 『죽음의 사색』, 서당, 1989, 49쪽.

12 주강현, 「한국무속의 생사관」, 『동아시아 기층문화에 나타난 죽음과 삶』, 한림대학교인문학연구소, 2001, 82쪽.

13 崔鍾成, 「진오귀굿 薦度祭次의 연속성 연구:신화와 제의의 관계를 중심으로」, 서울대학교 종교학과 석사논문, 1995, 68쪽.

14 정진홍, 『한국종교문화의 전개』, 집문당, 1986, 108쪽.

15 주강현, 앞의 글(2001), 73쪽.

16 구미래, 『한국불교의 일생의례』, 민족사, 2012, 14쪽.

17 『東國歲時記』「閏月」.

18 박경신, "산 오구굿", 『한국민속신앙사전: 무속신앙 편』, 국립민속박물관, 2009, 387쪽.

19 위의 글, 388쪽.

20 구미래, 『나 그리고 우리를 위한 복짓기』, 아름다운 인연, 2014, 71~159쪽.

21 『高麗史』卷31 忠烈王 丙申 22年(1296).

22 위의 책.

23 『高麗史』卷107 列傳 第20 '韓康'(1296).

24 成渾, 『牛溪集』卷6 「雜著」.

25 김만태, 「한국인의 삶에서 수연례(壽宴禮)가 갖는 의미 분석」, 『실천민속학연구』 12, 실천민속학회, 2008, 49쪽.

26 제보자: 최병식(85세). 2011년 4월 16일 경북 문경시 홍덕동.

27 로저 자넬리 · 임돈희, 『조상의례와 한국사회』, 김성철 역, 一潮閣, 2000, 86~89쪽.

28 생전장례 관련 내용은 「불교신문」 · 「법보신보」 · 「현대불교」 · 「동아일보」 등에서 2014년 4월 관련기사를 참조함.

3장 임종기록을 통해 본 옛사람들의 생사관

1 李章植, "성례전(聖禮典)", 『한국민족문화대백과사전』, 한국정신문화연구원, 1991. 제2차 바티칸공의회 이후 '종부성사'는 '병자성사'로 고쳐 부르고 있다.

2 중부기독상조회, 『장례예식서』, 10쪽.

3 묘지명(墓誌銘)은 묘지(墓誌)라고도 하며, 고려 시대에는 주로 돌에다 묘지명을 새겼기 때문에 묘지석(墓誌石) · 지석(誌石)이라고도 불렀다.

4 이조년(李兆年, 1269~1343) 묘지명: 김용선, 『역주 고려 묘지명집성: 하』, 한림대학교 출판부, 2012, 889쪽.

5 박종기, "망자의 아름다운 행적 기리는 기록문화 정수: 묘지명(墓誌銘)", 「중앙 SUNDAY」 338호, 중앙일보사, 2013. 9. 1.

6 김용선, 『역주 고려 묘지명집성: 상 · 하』, 한림대학교 출판부, 2012.

7 고려 시대의 묘지명 관련 내용은 필자의 『한국불교의 일생의례』(민족사, 2012, 258~266쪽)를 참조하는 가운데 재편하였다. 책에서는 불교적 죽음에 초점을 맞추었기에 임종의 경우 사찰임종을 포함해 불교적 성격을 지닌 사례에 국한하였고, 또 빈소를 사찰에 차린 경우까지 함께 분석대상으로 삼았다. 이 글에서는 불교적 성격과 무관하게 임종관련 내용을 모두 추출하여 분석하였으며, 별다른 임종내용이 없더라도 사찰임종을 포함시킨 것은 그 자체로 유의미하기 때문이다.

8 이하 고려 왕들의 임종 관련자료는 『高麗史』卷2 定宗 己酉 4年(949), 卷3 成宗 丁酉 16年(997), 卷6 靖宗 丙戌 34年(1046), 卷32 忠烈王 戊申 34年(1308), 卷64 禮6 凶禮 '國恤' 등 참조.

9   金斗鍾, 『韓國醫學史』, 探求堂, 1981, 38쪽.

10 정목(鄭穆, 1040~1105) 묘지명: 김용선, 앞의 책(상권, 2012), 47쪽.

11 김광재(金光載, 1294~1363) 묘지명: 김용선, 앞의 책(하권, 2012), 986쪽.

12 윤택(尹澤, 1289~1370) 묘지명: 김용선, 앞의 책(하권, 2012), 1018쪽.

13 이자연(李子淵, 1002~1061) 묘지명: 김용선, 앞의 책(상권, 2012), 22쪽.

14 이정(李頲, 1025~1077) 묘지명: 김용선, 앞의 책(상권, 2012), 34쪽.

15 이보여(李輔予) 처 이씨(李氏, 1099~1157) 묘지명: 김용선, 앞의 책(상권, 2012), 247
    쪽.

16 유자량(分資諒, 1150~1229) 묘지명: 김용선, 앞의 책(상권, 2012), 569쪽.

17 김유신(金有信) 처 이씨(李氏, ?~1192) 묘지명: 김용선, 앞의 책(상권, 2012), 424쪽.

18 조인규(趙仁規, 1237~1308) 묘지명: 김용선, 앞의 책(하권, 2012), 1121~1122쪽.

19 김태현(金台鉉) 처 왕씨(王氏, ?~1356) 묘지명: 김용선, 앞의 책(하권, 2012), 974쪽.

20 이탄지(李坦之, 1086~1152) 묘지명: 김용선, 앞의 책(상권, 2012), 194~195쪽.

21 윤응첨(尹應瞻, ?~1228) 묘지명: 김용선, 앞의 책(상권, 2012), 555~556쪽.

22 김중문(金仲文, ?~1237) 묘지명: 김용선, 앞의 책(상권, 2012), 593쪽.

23 양택춘(梁宅椿, 1172~1254) 묘지명: 김용선, 앞의 책(상권, 2012), 622쪽.

24 김중구(金仲龜, 1175~1242) 묘지명: 김용선, 앞의 책(상권, 2012), 612쪽.

25 윤언민(尹彦旼, 1095~1154) 묘지명: 김용선, 앞의 책(상권, 2012), 217쪽.

26 김구(金坵) 처 최씨(崔氏, 1227~1309) 묘지명: 김용선, 앞의 책(하권, 2012), 699쪽.

27 이덕손(李德孫) 처 유씨(分氏, 1247~1326) 묘지명: 김용선, 앞의 책(하권, 2012), 764
    쪽.

28 최서(崔瑞) 처 박씨(朴氏, 1249~1318) 묘지명: 김용선, 앞의 책(하권, 2012), 721쪽.

29 『三國遺事』卷1 義解, '眞興王'.

30 윤선좌(尹宣佐, 1265~1343) 묘지명: 김용선, 앞의 책(하권, 2012), 937쪽.

31 유돈(柳墩, 1274~1349) 묘지명: 김용선, 앞의 책(하권, 2012), 1146쪽.

32 한종유(韓宗愈, 1287~1354) 묘지명: 김용선, 앞의 책(하권, 2012), 964쪽.

33 김주정(金周鼎, 1228~1290) 묘지명: 김용선, 앞의 책(상권, 2012), 655쪽.

34 윤언민(尹彦旼, 1095~1154) 묘지명: 김용선, 앞의 책(상권, 2012), 217쪽.

35 유자량(分資諒, 1150~1229) 묘지명: 김용선, 앞의 책(상권, 2012), 569쪽.

36 김광재(金光載, 1294~1363) 묘지명: 김용선, 앞의 책(하권, 2012), 986쪽.

37 국립문화재연구소, 한국금석문종합영상정보시스템(http://gsm.nricp.go.kr/_third/
    user/main.jsp).

38 이들 자료는 문헌이 아닌 DB(한국금석문종합영상정보시스템)에서 인용한 것이기에
　 개인별 각주는 생략하고 기본사항은 「표2」로 대신하였다.

39 『朱子家禮』卷4 喪禮 '初終'.

40 『四禮便覽』卷3 喪禮 '初終'.

41 『朱子家禮』卷4 喪禮 '初終'.

42 『四禮便覽』卷3 喪禮 '初終'.

43 『朱子家禮』卷4 喪禮 '初終'.

44 서성호, "역사의 편지, 고려 묘지명", 국립중앙박물관 「다시 보는 역사 편지, 고려 묘
　 지명」 전시자료, 2006, 55쪽.

45 裵永東, 「朝鮮時代 誌石의 性格과 變遷」, 『朝鮮時代 誌石의 調査研究』, 溫陽民俗博
　 物館, 1992, 222쪽.

46 묘문 내용으로 찬자와 주인공의 관계를 확실히 알 수 없는 것은 별도의 인물검색을
　 통해 관계를 파악하였다.

47 고려 시대에는 전체 44인 가운데 여성이 11인이지만 조선 시대에는 42인 가운데 1인
　 에 불과하다. 그러나 조선 시대 묘지명을 분석한 배영동(앞의 글, 1992)의 자료에는
　 126건의 지석(誌石) 가운데 여성이 42건으로 더 많은 비율을 차지하고 있다. 따라서
　 조선 시대 여성의 경우 임종 무렵에 대한 기록이 상대적으로 적었거나, 분석대상으로
　 삼은 304건의 묘지석·묘비석 또한 조선 시대 전체를 포괄하지 못하고 제한적이기
　 때문일 것이다.

48 김훤(金晅, 1258~1305) 묘지명: 김용선, 앞의 책(하권, 2012), 685~689쪽.

49 윤선좌(尹宣佐, 1265~1343): 김용선, 앞의 책(하권, 2012), 938쪽.

50 서성호, 앞의 글(2006), 55쪽.

4장 존재의 영속성을 추구하는 죽음의례

1 구미래, 앞의 책(2012), 233~234쪽.

2 구미래, 『한국인의 죽음과 사십구재』, 민속원, 2009, 185~186쪽.

3 이욱, 「제사의 종교적 의미에 대한 고찰」, 『儒教思想研究』 16, 韓國儒教學會, 2002,
　 94~95쪽.

4 柳仁熙, 「유가철학: 인간적 문화에서의 영생」, 『죽음이란 무엇인가』, 도서출판 窓,
　 1992, 141~159쪽.

5 鄭道傳,『三峯集』, 韓國의 思想大全集 6, 同和出版公社, 1972, 171쪽.

6 이와 별개로 용어상으로는 혼백의 '혼'과 '영혼'을 혼용하는 경우가 대부분이다. 따라서 이 책에서도 일반문맥에서는 이를 상세하게 구분하지 않고 보편적 용례에 따라 사용한다.

7 최진덕,「『주자가례』와 죽음의 유학적 이해」,『정신문화연구』80, 한국정신문화연구원, 2000, 31쪽.

8 柳仁熙, 앞의 글(1992), 156~157쪽.

9 김기현,「儒敎의 喪葬禮에 내재된 삶과 죽음의식」,『退溪學報』104, 1999, 64~65쪽.

10 이욱,「朝鮮前期 冤魂을 위한 祭祀의 변화와 그 의미: 水陸齋와 厲祭를 중심으로」,『종교문화연구』3, 한신인문학연구소, 2001, 174~185쪽.

11 『朱子語類』, 卷87, 中華書局, 294쪽 : 최진덕, 앞의 글(2000), 36쪽에서 재인용.

12 최진덕, 위의 글(2000), 36쪽.

13 『論語集註』「雍也」.

14 『論語集註』「先進」.

15 『주자가례』, 임민혁 옮김, 예문서원, 1999, 222쪽.

16 『三國志』魏書,「烏丸鮮卑東夷傳」, '東沃沮';『後漢書』,「東夷列傳」, '東沃沮'.

17 『주자가례』, 앞의 책(1999), 222쪽.

18 정민,『18세기 한중 지식인의 문예공화국』, 문학동네, 2014, 248쪽.

19 『世宗實錄』世宗 26年(1444) 4月 10日(己丑).

20 정민, 앞의 책(2014), 249쪽.

21 이경식,『미쳐서 살고 정신 들어 죽다』, 휴먼앤북스, 2011, 149쪽, 151쪽.

22 임재해,『전통상례』, 대원사, 1990, 33쪽.

23 서울새남굿보존회편, 조흥윤 감수,『서울새남굿 신가집』, 문덕사, 1996, 162쪽.

24 박주리,「한국 저승사자 연구」, 한양대학교대학원 문화인류학과 석사논문, 2012, 87쪽.

25 임기중,『불교가사연구』, 동국대학교출판부, 2001, 368쪽.

26 동봉정휴,『일원곡』권7, 대한불교조계종 우리절, 2003, 19~20쪽.

27 鄭鍾秀,「喪輿考」,『생활문물연구』1, 2000, 47쪽.

28 임재해, 앞의 책(1990), 74쪽.

29 국립민속박물관,『산청 전주최씨 고령댁 상여 실측조사보고서』, 1982, 10쪽.

30 『禮記』20「雜記 上」.

31 『四禮便覽』卷5 喪禮, '治葬'.

32 『禮記』20「雜記 上」.

33 위의 글.

34 임재해, 앞의 책(1990), 8~11쪽.

35 정종수,「남은들 상여」,『문화재대관: 중요민속자료1. 신앙·생활자료』, 문화재청, 2005, 212쪽.

36 장석만,「나무꼭두 입문: 나무꼭두의 성격과 분류」,『한국의 나무꼭두』, 옥랑문화재단, 2007, 220쪽.

37 손태도,「상여의 악공, 광대 꼭두들에 대한 연구」,『역사민속학』19, 한국역사민속학회, 2004, 103쪽.

38 『三國志』魏書,「烏丸鮮卑東夷傳」,‘夫餘’·‘高句麗’;『後漢書』,「東夷列傳」,‘夫餘’·‘高句麗’.

39 『三國志』魏書,「烏丸鮮卑東夷傳」,‘東沃沮’;『後漢書』,「東夷列傳」,‘東沃沮’.

40 『三國志』魏書,「烏丸鮮卑東夷傳」,‘弁辰韓’.

41 제보자: 구○희(48세), 2004년 3월 17일 면담. 2003년 4월 21일 사망한 남○○(57세)의 제수.

42 홍윤식,『영산재』, 대원사, 1991, 42쪽.

43 安震湖 篇, 韓定燮 註,『釋門儀範』, 法輪社, 2001, 485쪽.

44 제보자: 이○○(60대). 2004년 2월 21일 면담. 2004년 1월 4일 사망한 이○○(85세)의 조카.

45 『三國志』魏書,「烏丸鮮卑東夷傳」,‘高句麗’;『後漢書』,「東夷列傳」,‘高句麗’.

46 『世宗實錄』世宗 11年(1429) 4月 4日(己卯).

47 『肅宗實錄』肅宗 32年(1706) 8月 15日(更子).

48 유의양 저, 최강현 역주,『후송 유의양 유배기 남해문견록』, 신성출판사, 1999, 80~81쪽.

49 손태도, 앞의 글(2004), 100쪽.

50 임재해, 앞의 책(1990), 64쪽.

51 『成宗實錄』成宗 5年(1474) 1月 15日(辛丑).

52 『成宗實錄』成宗 20年(1489) 5月 9日(丙寅).

53 임재해, 앞의 책(1990), 51~52쪽.

54 임석재, "다시래기",『한국민족문화대백과사전』, 한국정신문화연구원, 1991.

55 『成宗實錄』成宗 20年(1489) 5月 9日(丙寅).

56 임재해, 앞의 책(1990), 52~56쪽.

57 유의양 저, 앞의 책(1999), 81쪽.

58 임재해, 「장례 관련 놀이의 반의례적 성격과 성의 생명상징」, 『비교민속학』 12, 비교민속학회, 1995, 303쪽.

59 趙東一, 『敍事民謠硏究』, 啓明大學校出版部, 1979년 增補版, 372~373쪽.

60 유권종, 「한국에서의 상례문화의 전개」, 『유교사상연구』 15, 한국유교학회, 2001, 48쪽.

61 최재석, 「신라시대의 葬法과 喪制」, 『人文論集』 30, 高麗大學校 文科大學, 1985.

62 『隋書』 卷81 「列傳」, '高句麗'.

63 文化財管理局, 「서울의 平生儀禮」, 『韓國民俗綜合調査報告書: 서울편』, 1979: 張哲秀, 『韓國의 冠婚喪祭』, 집문당, 1995, 292쪽에서 재인용.

64 조흥윤, 『巫: 한국 무의 역사와 현상』, 민족사, 1997, 222쪽.

65 崔吉城, "씻김굿", 『한국민족문화대백과사전』, 한국정신문화연구원, 1991.

66 제보자: 김ㅇ주(47세). 2003년 3월 17일 면담. 2004년 1월 16일 사망한 아버지(79세)의 장남.

67 구미래, 「한국불교 천도재의 중층적 위상」, 『역사민속학』, 한국역사민속학회, 2008, 220~221쪽.

68 제보자: 정토원 승려(40대, 비구니). 2009년 7월 9일 면담.

69 『四禮便覽』 卷8 祭禮. 상례와 제례의 전통예법은 『가례』에 의거하지 않고 『사례편람』을 통해 살펴본다. 『사례편람』은 이재(李縡: 1678~1746)가 중국의 『가례』를 우리의 시속에 맞도록 편술한 것으로, 이후 우리나라에서는 이 예법을 가장 일반적으로 따랐기 때문이다.

70 사시제의 경우 일 년에 네 번의 제사를 치르는 것은 매우 어려운 일이기에 이익·정약용 등은 봄과 가을에 두 번만 행하도록 권하였고, 실제로는 일 년에 한번 올리는 집이 많았다고 한다. 이영춘, 「조상제사의 민속학적 연구」, 『유교민속의 연구시각』, 한국국학진흥원, 2006, 121쪽.

71 『退溪全書』 卷2 '答權章仲喪禮問目': 김기현, 앞의 글(1999), 44~45쪽에서 재인용.

72 김기현, 앞의 글(1999), 45쪽.

73 『四禮便覽』 卷8 祭禮, '祠堂'.

74 『四禮便覽』 卷6 喪禮, '吉祭'.

75 구미래, 앞의 책(2012), 437쪽.

76 이영춘, 앞의 글(2006), 121~122쪽.

77 『東史綱目』 卷7 下 '乙丑 宣宗 2年'.

78 『磻溪隧錄』卷9 敎選之制 上 '鄕約事目'.

79 『正祖實錄』正祖 卽位年(1776) 6月 14日(癸丑).

80 崔吉城, 『韓國의 祖上崇拜』, 예전, 1991 증보판, 236쪽, 239쪽.

81 구미래, 앞의 책(2009), 409쪽.

82 김기현, 앞의 글(1999), 72쪽.

83 금장태, 「유교의 종교성과 유교·천주교의 교류」, 『종교와 문화』 9, 서울대학교 종교 문제연구소, 2003, 3쪽.

84 이은봉, 『한국인의 죽음관』, 서울대학교출판부, 2000, 189쪽.

85 최진덕, 앞의 글(2000), 22쪽.

5장 죽음에 대한 예의

1 『論語』 3篇 「八佾」.

2 『四禮便覽』 卷3 喪禮, '護喪'.

3 『三國志』 魏書, 「烏丸鮮卑東夷傳」, '夫餘'.

4 『三國志』 魏書, 「烏丸鮮卑東夷傳」, '夫餘'.

5 『隋書』 卷81 「列傳」, '高句麗'.

6 구미래, 앞의 책(2012), 306~307쪽.

7 『大典會通』 卷3 禮典 '喪葬'.

8 『四禮便覽』 卷6 喪禮, '卒哭'.

9 구미래, 앞의 책(2012), 308~309쪽.

10 고려대학교 민족문화연구원, 『한국민속의 세계 9: 민간신앙·기타신앙』, 2001, 528 쪽.

11 김기현, 앞의 글(1999), 32쪽.

12 『禮記』 35 「問喪」.

13 구미래, 앞의 책(2009), 143~144쪽.

14 B. Malinowski, Magic, Science and Religion and Other Essays, New York:Free Press, 1948 : 崔吉城, 「日本葬禮의 比較民俗學的 考察」, 『比較民俗學』 5, 比較民俗學會, 1989, 44쪽에서 재인용.

15 에드가 모랭, 『인간과 죽음』, 김명숙 옮김, 東文選, 2000, 164~165쪽.

16 임재해, 앞의 책(1990), 59~60쪽, 114~115쪽.

17 『四禮便覽』卷3 喪禮, ‘初終’.

18 혼백을 만드는 시기는 신주가 있을 경우와 없을 경우, 그리고 시대에 따라 조금씩 달라진다. 따라서 여기서는 망자의 몸이 이승과 분리되는 염과 입관의 시기로 보았다.

19 김미영, 『유교의례의 전통과 상징』, 민속원, 2010, 300쪽.

20 『四禮便覽』卷5 喪禮, ‘埋葬’.

21 金時德, 「韓國 儒敎式 喪禮의 硏究」, 高麗大學校 大學院 文化財學科 博士論文, 2007, 79쪽.

22 『四禮便覽』卷6 喪禮, ‘吉祭’.

23 『禮記』38「三年問」.

24 위의 책.

25 金時德, 앞의 글(2007), 81쪽.

26 『四禮便覽』卷6 喪禮.

27 『仁祖實錄』仁祖 4年(1626) 2月 17日(庚寅).

28 김기현, 앞의 글(1999), 33쪽.

29 『禮記』38「三年問」.

30 『四禮便覽』卷3 喪禮, ‘護喪’.

31 『四禮便覽』卷4 喪禮, ‘成服’.

32 김기현, 앞의 글(1999), 38~39쪽.

33 위의 글, 37~40쪽. 아울러 ‘차마 인정하지 못하는 죽음’의 사례들은 김기현의 글에서 차용하였다.

34 『주자가례』, 앞의 책(1999), 222쪽.

35 『禮記』3「檀弓 上」.

36 『禮記』3「檀弓 上」.

37 위의 책.

38 『四禮便覽』卷3 喪禮, ‘護喪’·‘小殮’.

39 임재해, 앞의 책(1990), 23쪽.

40 『四禮便覽』卷8 祭禮, ‘忌祭’.

41 『退溪全書』卷2 ‘答金士純問目’: 김기현, 앞의 글(1999), 40쪽에서 재인용.

42 임재해, 「설화문화학적 관점에서 본 제사문화와 제례의 민중적 인식」, 『제사와 문화』, 안동대학교 민속학연구소, 1999, 13~16쪽.

43 『禮記』11「郊特牲篇」.

44 이광규, 「동족집단과 조상숭배」, 『한국문화인류학』 9, 한국문화인류학회, 1977 : 로

저 자넬리 · 임돈희, 앞의 책(2000), 98쪽에서 재인용

45 『退溪全書』卷2 '答權章仲喪禮問目': 김기현, 앞의 글(1999), 43~44쪽에서 재인용.

46 이은봉, 앞의 책(2000), 189쪽.

47 구미래, 앞의 책(2009), 438~439쪽.

48 김기현, 앞의 글(1999), 72쪽.

6장 국민장을 통해 본 현대 한국인의 죽음

1 행정안전부, 『정부의전편람』, 행정안전부, 2008, 325쪽.

찾아보기

타나토스 총서02

존엄한 죽음의 문화사

등록 1994.7.1 제1-1071
1쇄 발행 2015년 3월 25일

지은이 구미래
펴낸이 박길수
편집인 소경희
편 집 조영준
디자인 이주향
펴낸곳 도서출판 모시는사람들
　　　110-775 서울시 종로구 삼일대로 457(경운동 88번지) 수운회관 1207호
전 화 02-735-7173, 02-737-7173 / 팩스 02-730-7173

인 쇄 상지사P&B(031-955-3636)
배 본 문화유통북스(031-937-6100)
홈페이지 http://modl.tistory.com/

값은 뒤표지에 있습니다.
ISBN 978-89-97472-92-5 94100
SET 978-89-97472-87-1 94100(세트)

이 도서의 국립중앙도서관 출판예정도서목록(CIP)은 서지정보유통지원시스템 홈페이지(http://
seoji.nl.go.kr)와 국가자료공동목록시스템(http://www.nl.go.kr/kolisnet)에서 이용하실 수 있습
니다.(CIP제어번호: 2015003697)